看看日本今日的军事装备

日本拿什么对抗中国

蒋丰◎著

台海出版社

图书在版编目（CIP）数据

看看日本今日的军事装备 / 蒋丰著. — 北京：
台海出版社, 2015.1
ISBN 978-7-5168-0535-0

Ⅰ.①看… Ⅱ.①蒋… Ⅲ.①军事装备—日本—通俗
读物 Ⅳ.①E313.5-49

中国版本图书馆CIP数据核字(2014)第296875号

看看日本今日的军事装备

著　　者：蒋　丰

责任编辑：阴　鹏　　　　　　　　装帧设计：仙　境
版式设计：黄　婷　　　　　　　　责任印制：蔡　旭

出版发行：台海出版社
地　　址：北京市朝阳区劲松南路1号，　邮政编码：100021
电　　话：010—64041652（发行，邮购）
传　　真：010—84045799（总编室）
网　　址：www.taimeng.org.cn/thcbs/default.htm
E－mail：thcbs@126.com

经　　销：全国各地新华书店
印　　刷：固安县保利达印务有限公司
本书如有破损、缺页、装订错误，请与本社联系调换

开　　本：170×230　1/16
字　　数：190千字　　　　　　　　印　　张：14.5
版　　次：2015年9月第1版　　　　印　　次：2015年9月第1次印刷
书　　号：ISBN 978-7-5168-0535-0

定　　价：32.00元

自 序　我爱风花雪月，我更爱和平

对于中国来说，日本是一个既紧密又疏远，不时地令人生厌却又无法让它迁走的邻居。对于中国来说，日本是一个既难以捉摸又变幻莫测，既曾把战火烧到中国又曾被中国打败的对手。几百年来，中日两国不知上演了多少场爱恨情仇的大片，因为它不是单纯艺术形式的大片，它让我们中国人对这个樱花之国"爱之亦深，恨之亦切"。

20世纪80年代末到90年代初，东欧剧变、苏联解体，人们欢呼"冷战"结束。回顾亚洲，特别是在步入新世纪后，人们期待中日两国也可以抛开夙怨，共同谋划东亚未来的美好蓝图。但是，修订教科书，否认南京大屠杀，参拜靖国神社，日本"右翼"和政府的言行频频伤害中国人民的感情，不仅为本应提速的两国关系一次又一次地踩下刹车，更让人们意识到"冷战"并未真正结束，只不过是换了一种形式，换了一个战场而已。这期间，钓鱼岛的问题再次凸现，应该是别具深意的。

我们不必多说在120年前的甲午战争时期，日本政府趁着大清政府软弱夺取了钓鱼岛；我们不必多说《波茨坦公告》为确立"战后"国际秩序奠定的基础；我们不必多说1972年中日恢复邦交正常化之际两国高层就钓鱼岛问题达成的默契与共识；我们也不必说美国至今不承认日本在钓鱼岛拥有主权。我们只看2012年9月10日，日本政府举行内阁会议，决定用20.5亿日元，从所谓"土地权所有者"手中将钓鱼岛、北小岛、南小岛购入；9月11日，日本政府又与钓鱼岛所谓的民间"地权者"签订了"买卖合约"。钓鱼岛由此在日本实现了所谓的"国有化"。乍看此事，似乎偶然，细观背后，错综复杂，偶然中存在着必然。

让我感到震惊的是，钓鱼岛危机发生以来，日本军事装备的变化频频曝光。在我看来，日本透露这种军事装备的变化，绝对不是一个"民主国家"新闻自由报道的结果，而是政府通过媒体报道向中国的一种炫耀、一种示威、一种叫板。于是，我做了一次为时一年多的新闻追踪，把钓鱼岛危机一年多来见诸媒体的日本军事装备变化条分缕析，看看日本准备用什么来挑衅中国！

现在看来，日本旨在挑起钓鱼岛危机后，在军事装备上的变化以及动向主要分为两个方面：

一个方面是加强对中国的情报搜集以及对中国军事力量的警戒监视。这里面包括陆基的X波段雷达、网络安全部队；海上的巡逻船、音响测量船、"苍龙"潜艇、"村雨"驱逐舰；空中的P-1反潜机、P-3C巡逻机、P-8反潜巡逻机、E-2C预警机、E-737预警机、E-767预警机、MQ-8无人直升机、"整合者"无人侦察机、"全球鹰"无人侦察机以及太空卫星等，这些设施共同组成了日本海陆空一体化的强大监视网络。

另一个方面是对可能发生的夺岛作战进行武器升级和准备。在日本《2014年度预算概要报告》和《中期防卫力整备计划》中，均对成立"准海军陆战队"以及相应的武器采购、升级等做出了规划。按照设想，日本"准海军陆战队"将主要承担夺岛作战任务，而计划采购的AAV-7水路两栖装甲车、"鱼鹰"运输机、"大隅"级运输舰、海上补给舰、两栖攻击舰、宙斯盾舰，F-2、F-3、F-15J、F-35战机，88式、12式导弹等，共同组成立体的全方位的夺岛作战力量。

进可攻，退可守，失可夺。日本似乎对中国做好了一切军事作战的准备。在写作此书的过程当中，我把文章陆续写在我的新浪博客上面。网友问我最多的话题就是："你觉得中日两国之间会开战吗？"我的回答是："大规模战争不会发生，局部军事摩擦可能难免。我相信中日两国的政治家有足够的智慧处理这样的问题。"

孙子说："知己知彼，百战不殆。"我们对日本的这些军事装备变化，不可不了解，也不能不了解。中国，只有充分掌握了日本的军事实力和军事动向，才能有足够的信心和能力采取应对措施；中国，只有对日本的军事实力有了充分的认识和了解，才能够避免冲动、选择理性；避免盲目、选择慎重；避免狂热，选择冷静。

众所周知，我不是一个军事专家，也不是一个"军迷"。我只是作为一个旅日华文媒体人，相对敏锐地感受到了日本这种咄咄逼人的军事装备变化。我早年毕业于北京师范大学历史系。这种专业训练的结果，让我在看问题的时候，不仅仅注重横向的联系，也从来不忽视纵向的比较。今年，是甲午中日战争120周年。那场战争的烽火早已熄灭，但那种战争的旧思维在日本依然存在。我从大量的史料中发现，日本在甲午战争前，也是这样近乎疯狂地推进军事装备的变化，几乎疯狂地为战争寻找借口。我们不希望历史重演，但"不希望"发生的事情，不是就不会发生。如果要阻止"不希望"的事情发生，就必须了解对手，做好准备。我们不希望"中日必有一战"的事情发生，我们更应该积聚不让这种事情发生的实力。

本书在写作过程中，得到了日本新华侨报社长吴晓乐女士的鼎力相助。在此，我表示深深的感谢。

本书在写作过程中，得到了日本新华侨报编辑记者曹晖和邢熠两位先生的帮助。他们在资料的整理、编译方面做了大量的工作。

如果没有他们的帮助，本书或许难以完成。在此，我向这两位同事，表示深深的感谢。

关注我的新浪博客和微博的网友都知道，我的粉丝中，女性粉丝比较多。我真的希望可以和女粉丝多谈一些风花雪月，少谈一些这样硬性的话题。因为我爱风花雪月，但更爱和平。

日本新华侨报总编辑 蒋丰

2015年春于东京

目录
CONTENT

PART 1 日本海上自卫队

003 日本购AAV-7战车准备"夺岛"

008 日本用"阿武隈"级护卫舰抗衡中国

013 日美开发三体舰可突袭中国舰队

017 日本"爱宕"级驱逐舰抗衡中国航母

022 日本用P-1反潜机对付中国潜艇

026 日本用"间谍船"在钓岛搜集情报

030 日本最大准航母未来可能参与"夺岛"

035 日本LCAC登陆艇将成"夺岛"先锋

039 日本的宙斯盾舰北防朝鲜西盯中国

043 日本"准航母"或成"夺岛"部队司令部

047 日本筹划为"夺岛"改装"大隅"级运输舰

051 日本欲引进百余架MQ-8监控钓鱼岛

055 日本水下六条"苍龙"威胁中国

060   日本"村雨"级驱逐舰成"麻烦制造者"

064   日本大型巡逻舰准备"擦枪走火"

069   日本补给舰为海上舰队"添油加弹"

074   美国"鱼鹰"为日本"搬兵运粮"

078   日本P-3C继续巡逻中国防空识别圈

082   美国正在日本部署"潜艇终结者"

086   日本"整合者"无人机难改东海局势

091   日本引进两栖攻击舰加强钓岛防卫

096   日本火箭速度列装"秋月"级驱逐舰

PART 2   日本陆上自卫队

103   03式中程地空导弹强化日本防空网

107   日本准备研发战斗机器人"高达"

112   日本引进"黑鹰"配合"夺岛作战计划"

116   日本10式坦克叫板中国99式坦克

120   日本OH-1将成"夺岛"战前沿侦察机

124   日本90式坦克异地求存彰显力量

129   日本要用12式导弹封锁宫古海峡

133   日本74式坦克依旧"廉颇未老"

138   13式战车悄然开启日本国防新时代

142   日本启用88式远程导弹演练"封喉"

147　日本设立"网军"应对"黑客攻击"

152　日本96式迫击炮随时南下"守岛"

PART 3　日本航空自卫队

159　日本欲借第五代战机复兴强国梦

163　日本部署X波段雷达监视中国低飞飞机

167　日本调"超级鹰眼"24小时监控钓鱼岛

171　日本发射卫星从太空监视中国海警

175　"日本造"新型运输机是个多面手

179　日本战机F-2战力虽强却麻烦不断

184　日本搞新型反舰导弹对付中国航母

188　日本"王牌战机"欲与中国一较高低

193　日本高调部署"鹰眼"紧盯钓鱼岛

197　日本提前在冲绳部署"爱国者"-3导弹

201　日本积极部署空中加油机意在东海

205　日本准备升级预警机全面监控东海

209　日本引进第五代战机欲"霸海夺空"

213　日本购买"全球鹰"织就高空监视网

PART *1*

日本海上自卫队

日本海上自卫队是隶属于日本政府防卫省的特别机关，在地位上相当于他国的海军，即日本国的海上武装力量。现在日本海上自卫队是世界上装备最现代化的海上武装力量之一，吨位规模也在世界上位居前列。

日本海上自卫队以自卫舰队（护卫舰群、航空集团、潜艇舰群、扫海舰群、情报业务群、海洋业务群、开发业务群、特别警卫队）和五个地方队为主体。

随着日本与中国之间主权领土争端的加剧，在最新的防卫大纲中，海上自卫队的总体兵力与基本配置有了重大调整。大纲中首先提出了"机动防卫"的概念，并将整体兵力的重心向西南方面转移。原来保持16艘潜艇的兵力计划在十年之内增加为22艘，主力水面作战舰艇从47艘增加到48艘，作战用飞机保持在150架左右。而且更新一代的直升机驱逐舰"出云"级也已下水。因此，日本海上自卫队的总体作战能力得到了迅速提高。

按照日本新防卫大纲，日本海上自卫队还将计划组建自己的"海军陆战队"，并用美国先进的登陆装备进行武装，届时，日本将获得海上机动突击能力，增强其登陆作战及夺岛能力。

日本购AAV-7战车准备"夺岛"

【消息来源】 路透社东京2012年9月17日消息，日本防卫省表示，计划在新年度的防卫预算中拨款25亿日元，购买4辆"AAV-7"两栖突击战车。这些两栖战车将部署在担任岛屿防御核心的陆上自卫队西部方面普通科连队，用于抗衡对偏远离岛可能的威胁。

事实上，日本陆上自卫队在此之前并没有装备专用的水路两栖作战装备，他们仅有老式的73式装甲输送车，具备有限的浮渡能力，从理论上来讲是无法执行两栖登陆作战任务的。这次，日本计划引进的AAV-7两栖突击战车，不仅是标准的"美国造"，也是在美国海军陆战队中服役数十年的"美国用"。

AAV-7两栖突击战车已经拥有近半个世纪的历史，它在全球的普及率也非常广泛。美国海军陆战队装备了1000多辆这种战车，每个突击营装备约200辆。此外，美国还把这款战车作为对外军事援助的主力产品，美国的盟国及关系密切的国家基本都购买过，比如菲律宾、阿根廷、巴西、韩国、西班牙、泰国、意大利等，每个国家都有十多辆乃至几十辆AAV-7两栖突击战车。

人 日本购得的AAV-7两栖突击战车

美国海军陆战队从20世纪70年代初就开始装备这种两栖突击战车。在伊拉克战争中，美国海军陆战队更是使用AAV-7型两栖突击战车，在战场上发挥了较强的作战能力。也就是说，它具有"战争经验值"。

日本共同社报道指出，为加强其所谓的"西南诸岛"防御，日本防卫省决定为陆上自卫队引进一种新型水陆两栖战车，供自卫队"登陆"时使用。有分析认为，日本政府此举意在"牵制"中国。

综合有关资讯，AAV-7两栖突击战车具有以下几个特点：

一、火力强大。AAV-7两栖突击战车上安装了由卡迪拉克·盖奇公司设计的新型单人炮塔，装有MK19Ⅲ式40mm榴弹发射器和M2HB式12.7mm机枪。此外，改进型AAV-7两栖突击战车还安装有一种通用武器支架，可灵活选择安装多种武器，如龙式（或陶式）反坦克导弹、M60式7.62mm或M2式12.7mm机枪和MK19式40mm榴弹发射器。

二、控制灵活。AAV-7两栖突击战车的炮塔仅重1090kg，座圈直径99.1cm，可360°旋转，回转速度为45°/s。武器手动操纵俯仰范围是-8°～+45°。该车在浮渡时由两个装在车体后部两侧的喷水推进器驱动。这种推进器喷水口排水量大。每个喷水口后面各装有一个电液控制的铰接导流器，由驾驶员用方向盘操纵，通过调转喷水方向，可使车辆在水中倒行、转向及绕自身轴线旋转。水中最大前进速度为12.87km/h，倒行速度为3.129km/h，也可同时用履带划水驱动。

三、抢滩能力强。AAV-7两栖突击战车车体外形呈流线形，能克服3米高的海浪并能整车浸没入波浪中10～15秒。安装的伸缩型装甲板可提高水上航速和扩大驾驶员观察视野，减少浪花以及为车后载物平衡配重。它最重要的用途是担任登陆行动中的攻击先锋。它可以从舰艇冲至岸上，为滩头进攻运送步兵和补给。

此外，该战车上还安装有甚高频单信道地面和地面机载无线电系统（SINCGARS-V）及定位和报告系统（PLRS），可以与友联部队进行通讯联系。

日本民主党执政期间，就提出了将陆上自卫队西部方面普通科连队改编为"海军陆战队"。安倍政权上台后，有关建立日本海军陆战部队的讨论不断升温。以日本首相安倍晋三为首的多名政府高官表示"必须讨论拥有陆战队功能的必要性"。2013年12月17日出台的新《防卫计划大纲》更是明确提出组建"水路两栖部队"。虽然这支部队究竟叫"海军陆战队",还是称为"水路两栖部队",至今仍然争论不休,但日本要组建一支"夺岛"部队已是势在必行。

日本政府一面筹划增加自卫队编制,另一面派遣自卫队与美国军队进行联合军事演习,并将"夺岛"演习作为军演的重点科目。2013年6月、8月、10月和11月,日美两国举行了四次以"夺岛"为目标的联合军事演习。演习中,设想中国军队占领了钓鱼岛,之后在美国战机的掩护之下,日本自卫队乘坐美军的AAV-7两栖突击战车,在美军的指导下进行抢滩登陆演习。在此过程中,日本自卫队不仅乘坐了美军AAV-7两栖突击战车,在操控AAV-7两栖战装甲车方面也得到了美军的"言传身教"。

有一个内幕需要戳穿!消息人士透露,日本要大手笔地购买AAV-7两栖突击战车,其目的之一是可以和美军一起在关岛等地共同举行军事训练,更想在装备层面提升日本自卫队独自防守岛屿的能力。事实上,日本对美国还是"很不放心"的。

现在,计划赶不上变化。原定的购买美国4辆AAV-7两栖突击战车的计划已经改变了。2013年底,日本出台的2014—2018年度《中期防卫力整备计划》中,明确提出未来5年间日本自卫队将引进52辆AAV-7两栖突击战车。

还需要指出的是,针对是否购买AAV-7两栖突击战车的问题,日本防卫省内部是有分歧的。"反对派"认为,日本应该坚持"专守防卫"的方针,自卫队没必要持有这种具有进攻性的装甲车。"支持派"则认为未来钓鱼岛可能会被中国夺走。一旦发生了这样的事情,就有必要使用AAV-7两栖突击战车。结果，"支持派"占了上风。

现在，从4辆到52辆这样一个数字的飞跃，可以看出，在未来可能发生的中日两国钓鱼岛冲突中，日本海上自卫队的陆战队将充当主要力量，而AAV-7两栖突击战车也必将成为这支部队的重要"夺岛"利器。

日本用"阿武隈"级护卫舰抗衡中国

【消息来源】 日本时事通信社2012年10月23日报道，有三艘中国海军军舰以及四艘海监船在钓鱼岛附近海域航行，与此同时，中国海洋调查船"科学三号"也首次出现在该海域。日方为此出动了"阿武隈"级护卫舰在现场跟踪监视中国舰队。有日媒总结，由于中国海上力量日盛，日本势必调整现有的岛屿防卫态势。

据日本防卫省发布的消息称，2012年10月22日下午5时许，日本海上自卫队P-3C警戒侦察机在冲绳本岛以南470千米的海域发现了两艘中国导弹驱逐舰和一艘护卫舰；23日下午1时许，这支中国舰队已经驶近宫古岛东北130千米的海域。随后，中国舰队以每小时25千米的速度穿越冲绳本岛与宫古岛之间的公海海域，向西北方向行驶。

日本《朝日新闻》称，三艘军舰中的"旅洋"Ⅱ级导弹驱逐舰首次出现在这一水域，它是中国海军目前拥有的最先进舰艇；NHK电视台称，10月4日和10月16日，中国海军舰艇都曾在公海航行；《产经新闻》报道称，10月20日以来，中国海监船已连续4天出现在毗连海域。日本内阁官房长官藤村修就此一系列事态在23日下午召开了记者会。会上强调："中国海上活动正在扩大化和活跃化，将对中国军舰采取'完善的警戒监视'。"

中国海军近年被认为在日本近海活动频繁。日本海上自卫队2012年至少4次在宫古岛与冲绳本岛附近发现中国海军舰艇。而在2010年4月，包括两艘潜艇和导弹驱逐舰在内的10艘中国舰艇，曾在有关海域航行。

面对中国海上力量日盛和中日持续的紧张局面，日本防卫省在提高自卫队警戒监视能力的同时，也在强化多国间的防卫合作能力。日本西南方向海域的神经愈加紧绷。此次针对中国舰船，日本所出动的"阿武隈"级护卫舰便被认为是日本应对中国海上军事力量的有力武器。

人日本"阿武隈"级护卫舰

人 日本"阿武隈"级护卫舰"筑摩"号

日本海军第二代护卫舰"阿武隈"级护卫舰，目前共有6艘服役，分别是"阿武隈"号、"神通"号、"大淀"号、"川内"号、"筑摩"号、"利根"号，名称均承袭了"二战"期间的日本轻巡洋舰。

相比"夕张"级护卫舰，"阿武隈"级护卫舰提高了反潜和防空能力，具有以下突出特点。

一、多功能性。"阿武隈"级护卫舰不仅配备了"鱼叉"舰舰导弹，76毫米舰炮，"阿斯洛克"反潜导弹，反潜鱼雷，"密集阵"近程防御武器系统，电子战系统等，同时还安装了OLT-3 ECM干扰系统，采用OYQ-7海军战术作战与数据系统。这让"阿武隈"级护卫舰基本达到世界先进水平，有能力执行多项作战任务。

二、较好的隐形效果。"阿武隈"级护卫舰作为日本海上自卫队第一种采用舰体隐形设计的战斗舰，两舷船体适当向内倾斜，减少了雷达截面，不易被捕捉。其采用的可变螺距侧斜螺旋桨,转数降低了约四分之一,既能够减少噪音,又提高了舰体的隐蔽性。

三、外形和内部布局的变化。"阿武隈"级护卫舰船体增大,长109米、宽13.4米,以2台燃气轮机、2台柴油机为动力装置,2550吨的满载排水量超过20世纪60年代初日本海军建造的驱逐舰吨位。作战指挥情报室移至主船体内,可降低海战对系统造成的损伤程度。

近年来,日本又对"阿武隈"级护卫舰的武器系统进行了大幅改进,主要体现在两方面:

首先在近程防空系统上,配备了OPS-14对空搜索雷达、OPS-28对海搜索和目标获取雷达,分别为美国AN/SPS-49雷达、美国MK23 TAS雷达的"日本造",性能十分先进。由FCS-2火控系统控制的76毫米速射炮和密集阵CIWS,则提供了攻击反舰导弹的自卫能力。

其次在反潜系统上,该级舰配有OQS-8船体声呐、八联装阿斯洛克反潜火箭发射装置和两部三联324毫米轻型反潜鱼雷发射管。同时,该级舰还装有两座6管SRBOC无源干扰装置和一个电子侦察、干扰系统,另外还计划在日后安装"拉姆"防空导弹系统和战术拖曳阵列声呐系统。

事实上,"阿武隈"级护卫舰在设计之初,就为日后进行现代化改装作了充分考虑:如为加强防空能力,拟改装 RAM近程防空导弹,并加装卫星通信系统。可以想象,如果中日两国擦枪走火,该级舰现有武器的强大功能势必在空中、海上同时发挥巨大作用。

除了动用"阿武隈"级护卫舰对付中国舰船,日本也开始更加重视宫古岛的战略地位。宫古岛距离钓鱼岛较近,约160千米。日本防卫省官员称:该岛与冲绳本岛之间的海域是"中国海军进出太平洋的必经之路",战略地位十分重要。

　　早前，日本就在宫古岛建有一处日本自卫队的无线情报侦查基地。该基地是日本在其西南海域最大的无线情报侦查基地，侦查对象为中国。一旦中国海军舰队经过宫古岛附近公海，该基地可对其进行24小时跟踪和侦查。2011年，日本防卫省明确表示，要加强宫古岛的自卫队驻军。2012年，日本航空自卫队在宫古岛上成立了第五十三警戒分队，负责操作最新部署的固定式对空警戒雷达，理论上能覆盖钓鱼岛周边区域。

日美开发三体舰可突袭中国舰队

【消息来源】　《产经新闻》2012年11月23日报道，日美两国政府计划从2013年开始共同开发一款"三体舰"外观的新型战舰，作为日本未来的主力战舰以遏制中国。如果最终研究成果能发展成为实用型号，预计该舰将作为日本海上自卫队舰艇在2018年投入使用。《产经新闻》报道说：这种舰艇可以同时执行多种任务，对于遏制中国的海上战斗力"具有特殊的意义"。

三体舰是指在主船体左右各有一个副船体的舰船。其中间为主船体，尺度约占排水体积的90%，两侧并肩各有一个大小相同的辅助船体，三个瘦长的船体共享一个主甲板及上层结构。

三体舰的平稳性比小水线面双体船型好得多，其宽大的甲板面积，更有利于舰载机的起降。中间的主船体内可放置重要设备和弹药，两侧的副船体可以起到对主船体的保护作用。在遭到敌方水下武器攻击时可使中间的主船体免受损伤，由此大大提高了舰船的生存能力。三体舰的船体设计采用内倾斜边和雷达吸波材料，具有较小的雷达反射面积，船的外侧船体也有助于减弱推进器在水下发出的噪声。

三体舰是以军事应用为目的而发展的一种新船型，起步至今不过20年。最早的三体舰是由英国于20世纪90年代初提出并开始建造的，第一艘为"海神"号试验舰。美国2010年服役的"独立"号濒海战斗舰则是世界上第一款用于实战的"三体舰"。日本防卫省技术研究本部已经决定从2013年度开始研究工作，并在预算概要中加入7亿日元（约合5330万元人民币）作为试制费用。为了协调与美国的日程和步骤，防卫省从2012年夏天就开始与美国国防部磋商，并在2012年年底前完成了有关公文的签署。目前，三体舰已经成为各国舰型发展的一个主要方向，发达国家新一代舰艇，如英国海军未来水面作战舰艇(FSC)就计划采用三体舰的结构。

人 美国海军濒海战斗舰"独立"号

三体船型战舰之所以备受各国的青睐，主要在于它与生俱来的优点：

一、总体布置性好。三体舰有较宽的飞行甲板，从而为飞机起降提供了宽敞的空间，连接甲板的宽度允许将作战的关键部位布置在不易受损的区域；较长的船体能提供较大的武器搜索扇面，并且有利于扩大武器间的距离，以减少相互干扰。

二、甲板空间大。由于是三个船体共同负担一个甲板及上层建筑，所以三体舰的上层甲板非常宽阔，甲板面积比同吨级单体船可以提高50%左右，数百吨级的三体舰提供的甲板空间可以与上千吨级的单体船相比。较大的甲板可以更好地安装舰载电子系统、武器和直升机起降甲板，这对于舰载电子设备、武器日益复杂的今天非常重要。另外较大的空间便于模块化，有利于以后的改装，这也是三体舰受到青睐的主要原因之一。

三、生存能力强。三体舰的船体比较细长，对螺旋桨水流干扰影响较小。此外，三体舰的机舱排气道可以布置在主体和侧体之间，主机的废气能够被引到两个船体之间抽出，所以能明显降低船上的红外辐射信号。其主船体每边有1/3至1/2的长度被侧船体所遮挡，暴露的建筑多为多面体，转角可以做到圆弧形以降低雷达反射面积，这样在遭受掠海导弹袭击时，能够提供一定程度的保护；箱形结构甲板可使关键性的作战部位布置在不易受损的区域，把要害部位设计在主船体内，利用两侧船体形成一定的掩护，从而大大提高了其生存能力。另外机械系统尽可能地放在高处，加上侧船体的屏蔽，可以减少噪声辐射。

四、稳定性极佳。三体舰经过一定调整后具有很好的稳定性，与同等排水量的单体船型战舰相比，三体船提高了耐波性，可在高海况下保持高速航行。

五、阻力非常小。由于每个船体更瘦长，从而可以减少船的阻力；尤其在高速航行时其阻力可有大幅度的降低。有关专家指出：三体舰在高速航行时的阻力极小，但在低速航行时三体舰的阻力特性不如单体船。

不过，世界上任何一种事物都具有两面性，三体舰也不例外。除了拥有以上优点外，三体舰也存在一些显而易见的缺点。

首先，它是由三个船体连接而成的，其宽度较大，不仅建造与下水十分复杂，而且要承受较大的弯曲和扭转力矩。为保证其刚度和强度，就必须加大构件重量，致使总体重量大为增加；其次，三体舰的宽度过大，也容易造成进出港口困难；此外，相对细长的主船体对操纵性也有不利的影响，通常三体舰的操纵性要比单体船差；最后，三体舰越大，系统管路就越长。细长的中部主船体和侧船体的前部将会存在许多无法利用的空间。

按照日本媒体的报道，日本之所以决定引进三体舰，主要是出于遏制中国的考虑。日本海上自卫队目前所拥有的舰艇普遍船型较大，不适合在浅水区作战。而中日之间存在领土争议的钓鱼岛周边海域，基本上都是浅水区，水深在几十米左右。这样的浅水海域使得船型较大的舰船使用起来较为困难，其速度只能保持在30节左右，机动能力不如三体舰。三体舰便于高速度航行，拥有40节的速度，吃水深度仅有两三米。在一些浅水区、岛礁区，特别是在钓鱼岛附近部署和作战相对来说比较容易，因此更利于与中国舰船抗衡，并利用其突袭中国海军舰船。

消息显示，中国也已经在2012年的3月拥有了第一艘三体舰船，取名为"北救143"号。届时，中日两国的三体舰或许会有直接较量的机会。

日本"爱宕"级驱逐舰抗衡中国航母

【消息来源】 据日本《产经新闻》2012年12月13日报道，美国政府业已决定向日本政府出售2套宙斯盾反导系统，用以升级日本"爱宕"级导弹驱逐舰。另据报道，日本计划在2018年前再建造2艘"爱宕"级来取代护卫舰队中的2艘"旗风"级防空驱逐舰，届时日本将继续保持全球仅次于美国的第二大"宙斯盾"舰拥有国的地位。

"爱宕"级驱逐舰，日本称之为"爱宕型护卫舰"。护卫舰是日本海上自卫队对其所配备的中大型军用舰艇的特殊分类命名，由于"战后宪法"规定日本不能拥有军队，自卫队名义上只能作为日本的自我防卫武力用途，因此日本将本国拥有的舰船归类为自卫舰，故称护卫舰。不过，日本此举纯属玩弄文字游戏，因为日本所谓护卫舰的吨位与性能和其他国家直升机航空母舰、两栖登陆舰、驱逐舰和巡防舰之类的水面战斗舰只相比，已经不相上下，甚至有的已经走在世界海军舰船的前列。"爱宕"级驱逐舰便是如此。

人 日本"爱宕"级驱逐舰

20世纪90年代，日本以美国海军阿利·伯克Ⅰ级驱逐舰为蓝本，引进宙斯盾作战系统，建造了4艘"金刚"级驱逐舰，从而成为继美国之后第二个拥有宙斯盾驱逐舰的国家。但日本并未满足，20世纪90年代末期决定在"金刚"级的基础上发展一型拥有强大区域防空能力和一定拦截弹道导弹能力的新型宙斯盾驱逐舰，也就是"爱宕"级导弹驱逐舰。作为"金刚"级的升级版，"爱宕"级与前者相比在多个方面实现了技术改进和突破。

一、舰体设计。"爱宕"级是在"金刚"级基础上发展起来的，二者具有相同的舰体和动力装置，不过"爱宕"级在设计上吸收了美国海军伯克级驱逐舰的特点，增加了1座直升机库，烟囱和上层建筑的形状为了提高隐身性能也略做了修改，外观上和"金刚"级有所不同，吨位更大。

二、隐身性能。"爱宕"级在设计上较"金刚"级更加重视隐身性能，舰体上层建筑外形上采用了新的流线形隐身设计，显得更加整洁。"爱宕"级水线以上舰体外飘，上层建筑为倒V字形，外壁采用了倾斜面设计，边角采用了圆弧过渡，这样可避免舰体表面形成垂直面，使敌方雷达接收到的回波强度大为减弱，从而达到隐身目的。

三、动力系统。"爱宕"级的动力系统主机为4台通用动力LM2500型燃气轮机，单机功率25000马力，持续总功率102000马力，双轴双桨推进。4台发动机分成2个机组布置在2个机舱内，巡航时每个机组各开动1台发动机，高速航行时则4台一起使用。

四、作战性能。在防空系统方面，"爱宕"级装备有2组美制MK-41型导弹垂直发射系统。MK-41垂直发射系统是世界上最先进的舰载导弹发射装置，具有隐蔽性强，发射速度快（最高达1枚/秒），反应时间短，可全方位攻击等优点，这些特点抗衡饱和攻击特别重要；在反潜系统方面，"爱宕"级直接引进了美国宙斯盾作战系统的组成部分——综合反潜作战系统，而没有采用"金刚"级上的拖曳线列阵声呐。此外，舰上还装备有阿斯洛克反潜导弹、旋转式三联装324毫米鱼雷发射管以及SH-60K反潜直升机等。相较"金刚"级，"爱宕"级在直升机的运用上更具有灵活性。

在反舰系统方面，"金刚"级装备有2座四联装鱼叉导弹发射装置，而"爱宕"级则换装了外型相似的2座四联装90式反舰导弹发射装置，这种发射装置也可以发射鱼叉导弹。"爱宕"级使用日本研制的WPC-1A武器控制系统来控制发射90式导弹，WPC-1A通过接收来自舰上的指挥控制数据，解算发射导弹的相关数据，进行任务规划，并确定导弹的发射时机。

在电子战系统方面，"爱宕"级的主要电子战系统为NOLQ-2综合电子战系统。NOLQ-2是日本在美国SLQ-32综合电子战系统的基础上自行研制的，能够覆盖从甚高频到18兆赫兹的绝大多数雷达、通信工作频段，其性能不亚于美国海军的SLQ-32（V）2/3综合电子战系统，在某些方面还有所超出。

在宙斯盾系统方面，"爱宕"级采用的基线7.1型宙斯盾系统是最新升级版本。基线7.1型反映了宙斯盾作战系统基本结构的最新进展，具有极强的海上区域监控能力，尤其是提高了弹道导弹防御能力，成为美国海军海上弹道导弹防御体系的核心。

据掌握的信息显示，日本目前共建有两艘"爱宕"级导弹驱逐舰，分别是"爱宕"号和"足柄"号。两舰分别于2005年8月24日与2006年8月30日下水，并依序于2007年3月15日与2008年3月13日交舰成军。由于日本政府对于朝鲜大力发展弹道导弹备感威胁，所以这两艘"爱宕"级的重要任务便是对弹道导弹进行预警与防御。也因此，这两艘"爱宕"级分别编入舞鹤（临日本海）的第三护卫群（"爱宕"号），以及位于佐世保（在九州北部，负责东海、黄海）的第二护卫群（"足柄"号），用以守卫日本的西侧，防堵日方声称的朝鲜瞄准日本的大浦洞1型中程导弹。

不过，也有分析指出，"爱宕"级针对的并不仅仅是朝鲜，更有可能是为了抗衡中国。随着中日关系紧张，"爱宕"级被部署到黄海。而黄海是中国海防前哨，辽东和胶东半岛更是拱卫首都的屏障，此间分布着中国众多的军事基地。

因此，"爱宕"级将可以凭借其先进的探测系统对中国海空军的部署及训练情况进行侦察，搜集相关情报。"爱宕"级可以通过探测中国航母舰载机搜集相关系统的电子情报，从而推测中国航母及舰载机的训练水平，以及航母形成作战能力的大致时间，继而掌握更多的有关中国航母的情报。

日本用P-1反潜机对付中国潜艇

【消息来源】 共同社2013年3月26日报道，日本海上自卫队两架新型喷气式反潜巡逻机P-1的交付仪式26日在川崎重工的岐阜工厂举行。据报道，P-1是日本现有反潜巡逻机P-3C的后续机型，完全由日本生产。该机飞行控制系统使用了光纤，以避免电子设备的电磁波干扰，在全球实用机型中属首次。日本防卫政务官称，相信该机能在钓鱼岛问题上应对中国发挥作用。

日本海上自卫队目前有94架从美国购买的执行反潜巡逻任务的P-3C反潜巡逻机，它具有很强的警戒和反潜侦察能力。不过，这些飞机普遍已经服役三十余年，一部分已经接近退役，难以应对越来越复杂的局势。在中日关系因钓鱼岛领土主权争端而日益激化的背景下，中国方面不断在强化应对措施，中国巡逻舰已经开始在钓鱼岛海域进行常态化巡逻，同时还进一步完善了管理结构，设立中央海权办，结束"九龙治海"的局面。面对中国的应对措施，日本动作不断，此次P-1反潜机的交付使用，便是日本希望加强对钓鱼岛实际控制的一项举措。

人 日本的P-1反潜机

据了解，P-1反潜机长38米，机体宽35.4米，重79.7吨，配备有日本自己研发的光波探测器和红外线深海探测器，其反潜能力大大超过P-3C，尤其对深海潜航的潜艇具有很强的舰艇形状与性能判别、静音跟踪等能力，被日本军事专家们认为是"中国潜艇的最大克星"。与P-3C反潜巡逻机相比，P-1反潜巡逻机的优势主要体现在：

一、P-1是世界上首次在大型飞机上采用光纤传播的反潜机。用光纤代替电缆，不仅可以减少电磁干扰的影响，还可以节省机载电力。与P-3C反潜机使用螺旋桨发动机不同，P-1搭载有4台涡扇发动机，是世界上飞行性能最好的反潜巡逻机。其巡航速度达到每小时833千米，最大飞行高度13520米，不仅远超P-3C，也超过了美国的下一代巡逻机P-8。

二、P-1搭载有采用主动相控阵技术的搜索雷达。该雷达不仅在机首整流罩内安装有天线，还在前起落架舱门附近安装有测试天线。该雷达不仅有对海搜索、导航、气象和对空警戒等工作模式，还具备合成孔径工作模式，可在高空发现潜艇的潜望镜。其搜索距离为：最大对海搜索距离200海里，对潜望镜搜索距离32海里，可同时搜索跟踪256个目标。

三、在声呐方面，P-1可搭载被动式和主动式声呐浮标，以及用于测量海中杂音和探测深度目标的声呐。P-1还装载有日本国产的音响处理装置，可以分析各种声音信号。这一先进的处理装置不仅可以提高应对静音潜艇的能力，还可以降低乘员的工作强度。

四、在武器装备上，P-1可以携带鱼雷、深水炸弹、航空炸弹，以及ASM-IC和AGM-84等反舰导弹，甚至还可以挂载AGM-65"小牛"空对地、空对舰导弹。机身内弹舱可挂载8枚鱼雷，两侧机翼下共有12个外挂点。

由于P-1飞机的速度快、航程远、作战半径大、信息化程度高，作战效能要优于P-3C飞机。相较而言，P-3C更适合平时的巡逻，而P-1则更适合战时环境。日本交付使用P-1，不仅仅立足于日本周边海域的反潜巡逻，更是考虑整个东亚地区的反潜作战。有分析认为，日本装备P-1具备多种目的：

首先，P-1的服役可以大幅提高日本海上自卫队的反潜和对海巡逻能力，并将对中国潜艇构成巨大威胁。日本一直担心中国的潜艇力量增强，特别是近年来中国潜艇部队发展迅速，为此2006年版的日本《防卫白皮书》中就专门提到，要加强具备快速反应能力的反潜巡逻机的作用。而P-1能够探测到

P-3C无法探测到的声响，例如鱼雷发射管盖开合的声音以及操舵声音等，还能够处理更广域频率上的噪音。这有助于应对中国海军装备的多种新型潜艇。

其次，P-1不仅可以用于反潜战，还能够在岛屿防卫作战中发挥巨大威力。例如，如果对方企图登陆日本岛屿，就将使用登陆舰艇。目前，日本航空自卫队的ASM-1等反舰导弹主要是对付大型军舰所用。要对付登陆艇，只能使用具备激光制导功能的JDAM炸弹等有限手段。在此情况下，P-1可以挂载8枚AGM-65空对地导弹，以其特有的快速度抵达战场，采用"杀鸡用牛刀"的方式歼敌于海上，防止敌方建立滩头阵地。

最后，日本开发新型反潜巡逻机，也表明美日在军事领域的合作越发紧密。日本海上自卫队的作战思想一直是必要时把自己作为美军的辅助部队使用。日本自卫队负责美军的后勤和警戒，特别是承担反潜的任务，因此特别重视反潜能力的建设。新型P-1反潜机的研制，显然将大大增强日本海上自卫队在美日军事合作中的筹码。

消息人士证明，2013年3月29日，日本海上自卫队厚木空军基地正式配备了4架日本产P-1反潜机。但是，2013年5月21日，一架P-1反潜机在试飞中出现故障，飞机上4个被日本视为技术骄傲的发动机全部"停车"，飞机从1万米高空直坠到了8000米。多亏飞行员紧急手动重启发动机，才避免了机毁人亡的悲剧。9月底，日本防卫省称，调查发现发动机内部的燃料燃烧不稳定，导致发动机熄火，在经过多次地面试验之后，10月又进行了试飞。

这样一来，日本原本计划用P-1反潜机巡航钓鱼岛的计划也被搁置，预计2015年的正式部署也会受到影响。

日本用"间谍船"在钓岛搜集情报

【**消息来源**】 《产经新闻》2013年5月26日报道，5月2日、12日和19日，中国海军潜艇3次出现在日本的毗连区（领海外侧约22千米），日本海上自卫队和美军分别出动"响"号音响测量船和"无瑕"号军事测量船赴冲绳海域收集情报。"响"号在"元"级潜艇13日驶出冲绳县久米岛毗连区后仍然紧追不舍，并发现"元"级潜艇19日进入冲绳县南大东岛毗连区。

通常来说，潜艇的"克星"一是水面反潜战舰，二是反潜机。不过有军事专家指出，音响测量船虽然不像前两者那样可以携带武器对潜艇实施攻击，但它才是潜艇最大的"天敌"。

音响测量船的主要使命是跟踪和监视潜艇活动，因此，又被称作"间谍船"。目前，世界上只有美国和日本拥有这类船型。说起来，日本原来计划建造5艘，但至今也就拥有两艘"响"级音响测量船，第一艘就是"响"号，1990年7月27日下水，1991年1月30日服役。第二艘名为"播磨"号，1991年9月11日下水，1992年3月10日服役。此次出动的是第一艘，也就是"响"号音响测量船。

日本"响"级音响测量船于1989年1月批准建造，类似于美国海军"TAGOS-19"级海洋监视船，属于冷战时代的产物。其建造初衷主要用于监听苏联海军太平洋舰队核动力潜艇在西北太平洋及日本海的活动，目前监听范围已经扩大到周边多个国家。特别是在2012年9月中日钓鱼岛危机愈演愈烈之际，日本"响"级音响测量船已被主要用于针对中国。

作为美日军事同盟的产物，"响"级音响测量船很好地体现了美日同盟的这种"亲密"关系。该船的舰员编制40人，其中5名是美国军方技术人员。获得的情报信息要美日两国军方共享。实际上就是用日本人的船、兵员和美国少量人员，在中国第一岛链前后进行侦察。因为是以测量海底声音为主要任务，"响"级音响测量船与其他船只相比，具有独特的结构和功能。

一、"响"级音响测量船可以说是日本海上自卫队中最"胖"的军舰，整个舰长67米，舰宽则有29.9米，采用的是一种小水线面双体船船型，运行非常稳定，被视为除潜艇之外最安静的船只，即使在9级海况的条件下作业，该船的横摇幅度也不会超过8度（而6000吨级驱逐舰此时的横摇达30度），为进行水下音响侦听创造了良好的条件。

二、搜集水下潜艇的音响情报是"响"级船的主要任务，完成这一任务的就是船上配备的UQQ-2拖曳阵声呐系统。该型声呐系统通过拖曳在船体尾后水中的电缆来探测目标，主要用于侦听、测定潜艇辐射的噪声，进行远程监视、测向、识别和测距。拖缆长约1800米，执行任务时，拖曳深度根据当时的海况不同而异，大约在150～450米，被动探测距离可达300海里。"响"级音响测量船将海上收集到的音响数据经过舰载设备的初步处理后，通过WSC-6卫星数据中继设备发往日本横须贺湾的数据采集站。采集站一方面将该信息发往海上执行任务的水面舰船、潜艇及P-3C型反潜巡逻机，同时分门别类进行保存，使之成为日本海上自卫队今后反潜作战的重要参考资料。

自从中日关系因为钓鱼岛问题日趋紧张之后，"响"级音响测量船也开始扮演日本海上自卫队急先锋的角色。根据中国方面的监测，日本测量船近来频频在中国东海海域出没。其目的主要就是通过搜集海水、云雨信息，帮助雷达探测系统和导弹制导系统根据实际情况调整参数。通过搜集水深、海底地形地貌、洋流变化、气候特征等数据，为充实海图提供依据，方便未来展开军事行动。

人 日本"响"级音响测量船

　　潜艇为了保持隐蔽，在水下时通常不会开主动声呐，为了避免撞到海底的高山就必须依照海图航行，而海图就需要靠音响测量船测绘，这就相当于让日本海上自卫队的潜艇提前熟悉了潜在的战场环境。由于第一岛链之内的海域大都比较浅，日本潜艇想要在这样的海域活动，就需要"响"级音响测量船绘制的海图。

　　此外，"响"级音响测量船还可以利用被动声呐直接威胁到中国在附近海域活动的潜艇。这类音响测量船使用的拖曳式低频声呐阵列，可以探测数百千米范围内的潜艇活动，分析其活动规律和航线，收集其声音信号特征（音纹），为未来的反潜作战行动建立数据库。战时一旦探测到某种潜艇的声音信号，便可辨明哪型甚至是哪艘潜艇，由此为海上自卫队采取反制措施提供重要的信息情报。

　　由于日本"响"级音响测量船经常神出鬼没地出入于中国专属经济区，因此时常发生测量船与中国海军舰船遭遇的尴尬情形。如今，日本音响测量船的侦察活动面临着越来越大的困难。据有关报道，针对日美日趋频繁使用音响测量船进行侦察活动，中国军方已经加大了反制措施。中国海军通过天基、空基、海基预警平台等扩大海洋监视范围，掌握距海岸线500海里内的他国舰艇飞机的动向，严密监视距岸250海里内所有目标的活动。一旦发现异常，中国海军都会及时派出舰艇、飞机进行近距离跟踪、监视，对其施加压力，使其无法达成预定的侦察目的。

　　据日本《读卖新闻》报道，2013年5月16日，中国海军派遣了一艘水面舰艇在久米岛西部海域航行，在日方"响"级音响测量船后面7千米处进行了长时间追踪。有消息表明，这艘测量船上还有5名美国军方技术人员。就这样，原本刺探中国海军军情的"间谍船"，成为了一个被追踪、被追逐的目标。

日本最大准航母未来可能参与"夺岛"

【消息来源】 据《日本商业资讯》报道，2013年6月11日至28日，由美国、日本、加拿大、新西兰参加的代号为"黎明闪电战"的联合军事演习在美国加州圣地亚哥海岸举行。日本海上自卫队派出了迄今为止最大的"日向"号护卫舰、"爱宕"号宙斯盾驱逐舰和一艘"大隅"级运输舰组成参演舰队。在演习中，美国"鱼鹰"运输机首次降落在"日向"号护卫舰的甲板上。

"二战"结束后，日本失去了几乎全部的海军力量。虽然因为冷战的政治需要，美国在20世纪50年代之后再次扶植日本，但是美国根本无意把日本海上自卫队建设成一支能担负独立作战任务的强大海上力量。冷战时期，美国海军"分配"给日本海上自卫队的任务是反潜、护航。在这样的战术背景下，日本海上自卫队的建设长期偏重反潜、扫雷，其装备的大部分舰艇和飞机都把反潜作战作为首要任务。

随着冷战的结束，世界政治形势发生了巨大变化：苏联的解体使得美日防御方向发生了较大改变，从防备北方的扩张转移到了西南方向，即防备日益崛起的新兴强国——中国。日本海上自卫队尤其重视反潜直升机搭载平台的建设，此次演习中"闪亮登场"的"日向"号，就是这种思路的延续。

按照日本海军舰艇命名传统，"日向"这个名字来自日本古国名。该舰长195米，宽32米，标准排水量13500吨，满载排水量18000吨，编制322人。这是日本自"二战"结束以来建造的吨位最大的军用舰艇。其特点主要有：

一、强大的动力系统。该舰采用了美日大型舰艇惯用的全燃动力配置，共装4台美国通用公司LM2500燃气轮机。这种燃气轮机普遍装备在美国"提康德罗加"级和"伯克"级等大型舰艇上，日本的"金刚"级、"爱宕"级等舰也采用了这一型号的燃气轮机作为动力。应该说这是目前世界上性能最稳定、应用最广泛的舰用燃气轮机。在全速前进时，"日向"号的航速可以达到30节。

二、优化的外形设计。在外形上，"日向"号最引人注目的地方就是采用类似航空母舰的全通式甲板，这也是该舰被许多人认为是航母或者"准航母"的原因。但是从目前情况来看，这个宽阔的全通甲板上并没有配备起降固定翼飞机的设备，因此，该舰只能起降反潜直升机和大型运输直升机。不过，既然可以起降大型运输直升机，那么"日向"号就不仅仅可以用于反潜方面，同时也可作为两栖攻击舰使用。

三、先进的雷达系统。"日向"号最能体现其技术先进性的地方，是位于舰桥上的四组FCS-3主动相控阵雷达天线。这种雷达是日本三菱电子于20世纪80年代中期开始研发的，是世界上第一种装舰的主动相控阵雷达。该雷达相比美国海军的SPY-1"宙斯盾"系列被动相控阵雷达，虽然探测距离更近，但是探测小型目标的精度更高。除了FCS-3雷达和配套的"海麻雀"防空导弹，"日向"号的防空武器还有2座"密集阵"近防系统，可对漏网的反舰导弹进行最后拦截。

四、完善的指挥系统。作为拥有舰队指挥功能的大型战舰，"日向"号配备了完善的综合指挥系统，其选用的是日本新近开发的"先进技术战斗系统"。该系统大量采用商用组件技术以降低成本并且方便升级，主要包含先进战斗指挥系统、FCS-3相控阵雷达、反潜情报处理系统和电子战管制系统四个部分。四个组成部分以及下辖的各种武器装备可以统一在一起同时进行防空、反潜等作战任务。除了内部系统之间通过光缆和网络数据线连接外，该系统还可以通过通用的数据链借助卫星等设备和美国海军做到信息共享、协同作战。

五、突出的作战能力。在日本海上自卫队的作战序列里，"日向"号最现实的任务是取代已经老旧的"榛名"级和"白根"级直升机驱逐舰，成为新的反潜直升机搭载母舰。在该舰设计之初，日本方面声称"日向"号在日常情况下可以搭载2架SH-60K反潜直升机和1架MCH101大型扫雷／运输直升机。但是从"日向"号宽大的舰体和全通甲板就可看出，该舰的实际搭载能力实际上远远不止这些。随着该舰的下水，日本方面渐渐不再遮遮掩掩，"坦然"宣布"日向"号可以搭载11架各种型号的直升机。这样一来，其反潜作战时覆盖的范围将大大超过"榛名"级和"白根"级。另外，强大的直升机搭载能力使得"日向"号不仅可执行反潜、扫雷等任务，还有条件承担对陆攻击和对岸垂直兵力投送的任务。

人 日本"日向"号反潜直升机搭载母舰

2009年3月18日，"日向"号在日本的横滨举行交付和舰旗授旗仪式，这标志着该舰正式完工并加入日本海上自卫队开始服役。有报道指出，"日向"号的服役是日本海上自卫队的一次重大突破。在"日向"号出现之前，日本海上自卫队只拥有有限的舰载直升机搭载能力，其出现之后则标志着日本拥有了能在远洋活动的大型直升机搭载平台，其航空反潜能力提高了一大步。

此外，由于"日向"号拥有强大的通信指挥综合作战能力，故其可以扮演远洋编队旗舰的任务。另外，由于全通甲板设计，使得"日向"号可以运载较多数量的直升机，在必要时可以很好地完成诸如对陆兵力投送、濒海物资补给等两栖作战任务。从这个角度来说，"日向"号又是一艘不错的两栖攻击舰。因此，"日向"号的服役使得日本海上自卫队的任务范围更加广泛、执行远海任务时也更加从容。

　　特别是在中日钓鱼岛问题日益复杂化的今天，"日向"号将在指挥日本舰船统一作战、针对中国海军潜艇执行反潜任务以及配合日本"准海军陆战队"开展夺岛作战等方面，发挥十分重要和不可替代的作用。尤其是如果美国"鱼鹰"运输机装载在"日向"号上，无疑将大大提高日本海上自卫队的快速反应和兵力投送能力，继而增强其夺岛作战能力。此外，作为日本海上自卫队最接近航母的"日向"号，其与中国航母"辽宁"舰的实力较量，也将是今后一段时间人们关注的焦点。

日本LCAC登陆艇将成"夺岛"先锋

【消息来源】 日本共同社2013年6月25日报道，美国海军和海军陆战队24日在加利福尼亚州南部海岸与日本海陆空自卫队联合部队实施了联合登陆演习。当天，美日两国的LCAC气垫登陆艇反复实施靠岸，艇上的日本陆上自卫队陆续登陆。据美军称，日美LCAC联合实施登陆演习尚属首次。

从20世纪70年代初起，许多国家海岸防务武器不断增加和更新，传统的登陆作战方式已不适应现代海战的需要。因此，为了改进和提高海军陆战队队员及其装备的运送能力，美国海军实施了两栖攻击登陆艇的研究和发展计划。世界上首艘LCAC气垫登陆艇于1984年在美国建成。美国是发展气垫艇数量最多的国家，它所建造的LCAC气垫登陆艇在世界上各型气垫登陆艇中居先进地位。日本目前共拥有从美国引进的6艘LCAC气垫登陆艇。2012年8月，据日本媒体报道，日本计划继续从美国购买4艘LCAC。

　　LCAC气垫登陆艇是美国海军陆战队进行登陆作战的利器，它的出现使美军实现了"人不沾水"登陆，并能配合垂直登陆的直升机进行多兵种作战。美国发展LCAC气垫登陆艇，与两栖攻击舰、船坞登陆舰结合，将装备与人员运至作战海域，然后气垫登陆艇掠海航行把登陆部队直接送上敌方滩头。目前LCAC气垫登陆艇已服役数十艘，美国能载该级艇的舰船有"黄蜂"级和"塔拉瓦"级通用两栖攻击舰，"安克雷奇"级和"惠德贝岛"级船坞登陆舰以及"奥斯汀"级两栖船坞运输舰等。

人 日本LCAC气垫登陆艇

　　在1991年的海湾战争中，美国海军出动7艘大型两栖船坞舰，共携载17艘LCAC气垫艇。在进行突击登陆时，这些LCAC气垫艇在24小时内出动55个艇次，将7000名海军陆战队队员、2400吨作战装备和军用物资运送到一般登陆舰艇无法登陆的海岸，充分显示了气垫登陆艇在两栖战中的巨大作用。

综合各方面资讯，LCAC气垫登陆艇主要具备以下特点：

一、优越的性能参数。LCAC气垫登陆艇标准排水量87.2吨，艇长26.8米，艇宽14.3米，吃水0.9米。它是一艘全垫升气垫艇，艇体为铝合金结构，动力装置为4台燃气轮机，总功率12000马力。艇上装有4台升力风扇，用于产生气垫；2个导管螺旋桨用于推进。该气垫艇航速50节，续航力200海里。该气垫艇上可搭乘24名陆战队员和75吨军用物资，或1辆M1A1主战坦克。为了自卫，该气垫艇上还装有2挺口径12.7毫米机枪。

二、全面的抢滩登陆能力。由于LCAC气垫登陆艇以JEFF型艇为原型艇发展而来，在艇体结构、操纵系统、螺旋桨剥蚀和围裙防飞溅（如装有飞溅抑制器）等方面均有改进，因而具有理想的快速性，良好的通过性和独特的两栖性，不受潮汐、水深、雷区、抗登陆障碍和近岸海底坡度的限制。尤其是这种艇可在全世界70%以上的海岸线实施登陆作战，将迫使敌人不得不在绝大多数的海岸上设防从而分散了敌方兵力，同时登陆部队有更多的登陆地段选择方案，便于在常规登陆艇不易登陆的敌方地带实施登陆。在登陆作战时，携带气垫登陆艇的两栖舰船在远离岸边20～30海里时，便可让气垫登陆艇依靠自身的动力，以30～40节的高速掠海航行，将人员和装备送上敌方滩头，从而保证了自身的安全。经研究表明，该级艇只要稍作改装，还可执行扫雷、反潜和导弹攻击等任务。

不过，LCAC气垫登陆艇也有自身的缺点。它没有装甲防护，发动机和螺旋桨都暴露在外部，在火力密集的高强度作战条件下易损坏。被运载的装备全部露天放置，恶劣天气下不利于保养。此外，噪音太大与所引起的尘土过多也是此种气垫登陆艇的缺点。虽然沿着侧裙装有泡沫抑止器，可改善驾驶员的视野，不过其在恶劣海洋气象下行动仍有相当大的问题。

据了解，美军的气垫登陆艇主要部署在加利福尼亚的潘德勒顿兵营，弗吉尼亚州斯托里市的利特尔-克里克堡联合远征基地和日本的佐世保基地。其中，位于日本的佐世保基地是美军本土以外唯一一个部署LCAC的基地。据美国《星条旗报》网站2013年10月8日报道，该基地在2013年3月份刚刚建成一处维护支援设施，该设施由日本政府提供资金。

报道称，日本军事专家赞扬了气垫登陆艇，并称这将提高保护日本的能力。日本前陆上自卫队中将、现帝京大学教授Toshiyuki Shikata说："LCAC在防御西南部岛链和台湾时非常关键，日本西南岛屿都是一些无人居住的岛屿，包括尖阁诸岛(中国钓鱼岛)，如果中国占领这些岛屿，日本不想让他们造成很长时间的既成事实，因此日本将需要重新夺回岛屿。在这种情况下，日本很可能要求美军的帮助。"

需要指出的是，气垫登陆艇并非只有美国海军拥有。和中国引进的"欧洲野牛"气垫船相比，LCAC的独立作战能力甚至还处于下风。日本《外交学者》网站前不久刊文称，"野牛"气垫船能够载重150吨或者500名官兵，时速可达66英里。只需要4艘"欧洲野牛"级气垫船，中国解放军海军就能在5小时内将2000人的部队或者最多600吨装备物资投送到钓鱼岛。

不过，一旦将LCAC与美国的"鱼鹰"运输机形成海空夺岛组合，就将充分发挥"鱼鹰"的反应速度和LCAC的运载能力。《外交学者》网站据此报道称，美国已经在冲绳的福田基地完成了海军陆战队的24架MV-22B"鱼鹰"飞机的初期部署。福田基地的这24架MV-22B可以将大约500人的部队或者140吨的武器装备和物资在大约1小时内送往钓鱼岛。文章分析称，如果在"鱼鹰"和"欧洲野牛"间真发生竞争，谁先抵达非常重要，先到达一方经过适当准备，就能有效摧毁来袭的气垫船或者直升机。

日本的宙斯盾舰北防朝鲜西盯中国

【消息来源】 日本共同社2013年7月7日报道，据日本防卫省消息人士透露，借着"朝鲜导弹威胁"的幌子，日本正准备再次建造2艘可拦截弹道导弹的宙斯盾舰，从而将日本拥有的宙斯盾驱逐舰数量增加到8艘，成为亚洲规模最大的宙斯盾战舰群。

报道称，日本防卫省计划在日本政府年内制定的《新防卫计划大纲》中提出加强导弹防御系统的建议。预计每艘宙斯盾舰的造价将高达近2000亿日元(约合122亿元人民币)。防卫省称，这是为防范"朝鲜导弹威胁长期化"而采取的应对措施。

目前日本海上自卫队共有6艘宙斯盾驱逐舰，包括4艘"金刚"级和2艘更先进的"爱宕"级，其中4艘搭载有海基"标准-3"反导拦截系统，规模堪称仅次于美国的世界第二大宙斯盾驱逐舰群。不过在日本看来，这仍不足以对抗"朝鲜导弹威胁"。

防卫省在讨论《新防卫计划大纲》时认为，有必要进一步增加可拦截弹道导弹的宙斯盾舰。除了加紧为剩下两艘宙斯盾驱逐舰换装"标准-3"反导系统，确保它们在2019年能换装完成外，新建的两艘宙斯盾驱逐舰预计将分别于2015年和2016年度签约，在2021年前开始服役。相比之下，尽管已有3艘宙斯盾驱逐舰的韩国宣称，准备再造3艘KDX-3型宙斯盾驱逐舰，但这也无法赶上日本自卫队扩军的步伐。

和驱逐舰、护卫舰等海军舰艇名称不同，宙斯盾舰不是一种单独的舰艇名称，而是对安装了美制"宙斯盾"雷达系统的防空型驱逐舰的一种统称。它还是一种驱逐舰，不过是增加了先进的防空雷达系统。宙斯盾驱逐舰拥有为满足舰载防空系统的需要而开发的先进的舰用导弹系统，可以有效地防御敌方同时从四面八方发动的导弹攻击，从而构成一个坚固的防御盾牌。

宙斯盾舰是美国国家导弹防御系统和战区导弹防御系统的组成部分，现在拥有宙斯盾舰的只有美国、日本、西班牙、挪威和韩国五个国家。而日本海上自卫队目前共配备了6艘宙斯盾舰，数量仅次于美国。其中，有4艘搭载了"标准-3"海基型拦截导弹，另外2艘未搭载"标准-3"的宙斯盾舰也正在进行改装，预计在2019年度前，可具备拦截弹道导弹的功能。

宙斯盾作战系统反应速度快，主雷达从搜索方式转为跟踪方式仅需0.05秒，能有效对付作掠海飞行的亚音速反舰导弹；它的抗干扰性能也很强，可在极强电子干扰环境下正常工作；在攻击能力方面，该系统作战火力强大，可综合指挥舰上的各种武器，同时拦截来自空中、水面和水下的多个目标，还可对目标威胁进行自动评估，从而优先击毁对自身威胁最大的目标；从可靠性来看，它能在无后勤保障的情况下，在海上连续可靠地工作40~60天。

人 日本的宙斯盾舰

宙斯盾系统的核心是一套电脑化的指挥决策与武器管制系统，虽然在表面上宙斯盾系统很强调对于空中目标的追踪与拦截能力，不过宙斯盾系统的核心接收来自于舰上包括雷达、各种电子作战装置与声呐等侦测系统的资料，加上与其他水上、水下与空中的载具，经由战术资讯网络交换的情报，经过自动化的讯号处理、目标识别、威胁分析之后，显示在宙斯盾系统的大型显示器上，提供给指挥官即时的情报资料。电脑作战系统可以在必要的时候根据目标的威胁高低自动进行应战。透过武器管制系统的整合与指挥，舰上的作战系统得以发挥最大的能力进行必要的攻击与防御措施。

宙斯盾作战系统共有四种工作方式：自动专用方式、自动方式、半自动方式和故障方式，后三种方式都需要人工参与控制。利用"宙斯盾"系统可控制多种武器，构成远、中、近相互衔接的多层次全方位防御圈，以不同射程的武器拦截来袭的固定翼飞机、直升机、无人机、飞艇、舰艇、反舰导弹、巡航导弹、弹道导弹等。资料显示，装备"宙斯盾"系统的各型战舰普遍具有以下八项主要特点：

一、兼具搜索和跟踪功能，并具有同时跟踪多个目标的能力，这对拦截多枚导弹的饱和攻击十分重要。

二、系统反应时间短，相控阵体制采用数字波束控制，其波束由一个方向转向另外一个方向，所用时间仅为微秒级，可谓是"瞬息万变"。

三、系统自动化程度高，作战全过程可无人工干预。

四、抗干扰能力强，可在杂波中准确锁定真实目标。

五、可对发射后的导弹进行精确的中段制导，可极大提高"超视距"攻击的准头。

六、在作战时，当相控阵雷达的阵面部分受损后，残余部分仍能继续工作，雷达性能只会"柔性"下降，而不会立刻丧失全部功能，系统生存能力大大加强。

七、天线采用全相电子稳定，当舰艇摇摆或偏航时，相控阵雷达可用"移相法"稳定波束，使雷达波束始终"罩住"目标。

八、由于不必依靠机械转动来改变雷达波的指向，消除了机械故障的可能性，从而使得系统的可靠性大大提高。

虽然据日本官方称，其引进宙斯盾舰的主要目的是应对朝鲜导弹威胁，不过也有分析指出，日本引进宙斯盾舰固然有防备朝鲜导弹的现实考虑，不过也不排除中国威胁的因素。日本共同社的报道就称：在钓鱼岛等西南诸岛地区，来自中国的"威胁"正在加剧。虽然新建宙斯盾舰并非针对中国的弹道导弹，不过如果能够随时派搭载强大雷达系统的宙斯盾舰前往西南诸岛地区，将可以提高对中国飞机、巡航导弹的警戒监控能力，从而在中日钓鱼岛之争中赢得更多的话语权。

日本"准航母"或成"夺岛"部队司令部

【消息来源】 据日本广播协会（NHK）报道，东京时间2013年8月6日15时许，日本海上自卫队22DDH型直升机护卫舰在横滨徐徐下水。引人注目的是，这艘护卫舰沿用侵华战争时期日本海军舰队旗舰名，被命名为"出云"号。报道指出，尽管这艘名为"出云"号的战舰2009年就开始建造，但它下水之际正值日本和中国为几个岛屿争执不下的时期。需要指出的是，历史上日本海军的"出云"号，曾经到达过上海。

现在人们已经看到，日本海上自卫队的这艘"出云"号护卫舰，长248米、宽38米、吃水7.1米，尺寸几乎比"日向"级直升机护卫舰大50%，堪称战后日本海上自卫队最大型的护卫舰。其2.7万吨的满载排水量，已经超过意大利"加里波第"号航母、西班牙"阿斯图里亚斯亲王"号航母和英国"无敌"级航母。主发动机为4台燃气轮机，最高航速达到30节。如果单从外观和局部设计理念来讲，"出云"号与航母几乎无异。

面对海外诸国将"出云"号定位于"准航母"，日本防卫省否认称："该舰是为应对大规模灾害及国际紧急救援而建的多功能护卫舰，完全没有考虑搭载拥有打击能力的战斗机。"然而，"出云"号仍对日本安保战略有着至关重要的意义。从某种意义上来讲，日本海上自卫队列装的DDH（直升机护卫舰），应被看作是"反潜航母"，其设计初衷和主要任务就是对潜水艇进行打击。

拥有"反潜航母"是多年来日本海上自卫队的梦想。自1954年7月1日成立以来，摆在当时仅具备扫海能力的海上自卫队面前的，就是对潜水艇的防御和打击工作。然而这个"看不见的敌人"并不是能简单击沉的，水上舰船需要具备高度的探测、识别和打击能力。从20世纪50年代末期起，日本海上自卫队就希望组织起一支以直升机航母为主体的"反潜扫讨群"，但最终因为预算超额而搁浅。

尽管如此，日本海上自卫队并没有放弃这个梦想。直到1981年，海上自卫队终于拥有了4个以直升机护卫舰为主体的8舰6机编制的"反潜扫讨群"。在2001年制定的《日本中期防卫力量整备计划》中又指出，日本应打造次世代舰载机护卫舰，使其拥有同时运作3架反潜直升机与1架扫海直升机的能力。"日向"号直升机护卫舰的建造工作由此被纳入了2004年度国防预算。

然而，"日向"号直升机护卫舰仅停留于传统DDH"准航母"的过渡型，仍强调单舰作战能力。而"出云"号则实现了作为依靠舰载机对潜艇实施打击的舰队母舰的作用。从日本列装的第一艘DDH演变至今天的"出云"号，可以说是真正完成了日本海上自卫队近半个世纪以来的直升机航母梦想。与"日向"号直升机护卫舰相比,"出云"号实现了许多技术上的突破。

一、它比"日向"号更像航母。"出云"号的最大特点就是不追求单舰作战能力,而是被设计成真正意义上的舰队群"母舰"。它为了搭载最大数量的直升机,不但将电梯设计为外置,还不配备任何对舰导弹或鱼雷,仅有2座密集阵近防武器系统及2座20毫米机关炮,将单舰作战能力降到最低,护卫功能则完全交给了专门的护卫舰。

二、它比"日向"号的舰载机运用能力更强。"出云"号的全通甲板长245米,宽38米,总面积为"日向"号的1.5倍,能装备目前三艘"准航母"中最多的14架舰载直升机,并能同时起降其中的5架。有消息表明,在"出云"号设计初期曾有计划将甲板设计成方便固定翼战斗机起飞的倾斜状,飞行甲板则采用特殊材料制造,强度及耐机尾焰烧灼能力将向F-35B的起降要求靠拢。另据部分日媒报道称,政府计划于2020年在"出云"号上配备F-35B第五代战斗机,但却随即遭到官方否认。

三、它比"日向"号更能适应在全球范围内的多样化任务需要。"出云"号准航母还被设计成为一艘兼具运输、支援及救难的多功能舰船。作为运输舰最大可容纳400名士兵及50台73式大型军用卡车,另外还可运送PAC-3对空导弹;作为补给舰可承担3艘护卫舰的加油任务,给油量达3300千升;作为医疗船则可设置35张病床,并能根据需要在货舱中增设陆上自卫队的野外手术系统。这就使得"出云"号的功能更全,更能执行多样化的军事及政治任务。

人 日本"出云"号护卫舰

最新消息则表明，日本防卫省在2014年1月11日表示，为了强化冲绳附近诸岛的防卫力量，日本海上自卫队业已决定对即将服役的新的护卫舰"出云"号进行系统改造，准备将其作为"前线司令部"，负责海陆空三军前线的统一指挥和运营。日本海上自卫队此举意味着"出云"号护卫舰很有可能成为日本新的《防卫计划大纲》中提出组建的水陆机动团的指挥舰。

据了解，日本防卫省对"出云"号的改装，主要内容是在舰艇内设置指挥中心，构建可以指挥海陆空自卫队的通信系统，及时收发水陆两栖团信息，同时也让运输舰的配备和空中支援等信息随时汇总于"出云"号指挥中心，以便对海陆空自卫队的协同作战进行指挥。

此外，在未来的五年内，日本海上自卫队还将在"出云"号护卫舰上配备可以垂直起降的美国"鱼鹰"新型运输机，使该舰在承担夺岛部队司令部的同时，成为最大的支援舰艇。

日本筹划为"夺岛"改装"大隅"级运输舰

【消息来源】 据《产经新闻》报道，日本防卫省2013年8月23日决定，为实施离岛防卫和夺回作战，作为建设"海军陆战队"功能的一部分，将大规模改装海上自卫队现有的"大隅"级运输舰，使其可以搭载水陆两栖装甲车AAV-7以及"鱼鹰"运输机。这一改装考虑到了中国在尖阁诸岛（中国称钓鱼岛）周边的频繁挑衅，旨在确保离岛防卫和夺回作战的有效性。此举也意味着日本海军陆战队的功能建设进入"实战模式"。

日本海上自卫队拥有的两栖运输舰艇主要被当作运输调度舰来使用，最早的输送舰接收自美国的郡级（County class）坦克登陆舰，之后日本自行建造的"渥美"级坦克登陆舰、"三浦"级坦克登陆舰的尺寸吨位、设计也与郡级差不多，都为标准2000吨，满载4000吨左右。不过，由于舰体规模太小，"渥美"级、"三浦"级运输能力明显不符日本执行任务的需求。在此情况下，耐航力佳且具有足够运输能力的大型两栖舰艇，就成为日本海上自卫队急需的装备。

1996年11月18日，日本海上自卫队"战后"最大的坦克登陆舰"大隅"号缓缓下水。"大隅"级运输舰标准排水量为8900吨，全长178米，舰宽25.8米，吃水6米，最高航速22节。作为日本海上自卫队目前拥有的最大型的两栖运输舰艇，"大隅"级运输舰自然有其独到之处：

一、典型的两栖攻击舰舰型。"大隅"级采用了直通式飞行甲板、岛式上层建筑的设计形式。这种酷似轻型航母或直升机母舰的外形，是继美国海军"塔拉瓦"级之后出现的，典型的两栖攻击舰外形。不仅如此，该舰内部结构也具有明显的两栖攻击舰特征。飞行甲板下面设一层从首至尾的直通甲板，上面主要布置各种居住舱和生活设施。其下方为车、艇存放空间，其中尾段可携带2艘气垫登陆艇，其前方为车辆甲板，车辆甲板前后两端各设一台大型升降机通往飞行甲板。车辆甲板可以改装为机库，存放6~8架大型直升机。

二、航速高。日本20世纪70年代建造的两栖战舰"渥美"级和"三浦"级是老式登陆舰，由于采用舰首抢滩方式登陆，舰形首部肥钝，吃水浅，难以提高航速。"大隅"级坞井设在尾部，易于舰型优化，使航速达到22节。有资料称，根据"大隅"级的舰体线形计算，只需主机增加相对较小的功率，最大航速便可达到26~27节。

三、采取了隐身设计。"大隅"级舰的外形采用了可减弱敌方雷达探测能力的隐身设计，这在日本海上自卫队以往的两栖舰艇设计时均未予考虑。该舰主舰体的横断面呈"V"字形，舰首具有较大的前倾斜度，两舷外飘。上层建筑采用了与新型驱护舰类似的倾斜角度，舰桥、桅杆、烟囱等集中在舰体中央右舷一边，呈倒"V"形岛形结构，这就使敌方雷达接收到的回波强度大为减弱，从而达到隐身的目的。这是继"金刚"级驱逐舰、"村雨"级多用途驱逐舰之后，日本海军又一隐身设计舰型。

四、改装的潜力大。"大隅"级舰体按照两栖攻击舰设计和建造，但却是按两栖船坞运输舰进行系统配置，因而留有较大的改装余地。从载机方面讲，其车辆甲板可以改装为机库，飞行甲板首端可以加装滑跃式起飞甲板，使其可以搭载直升机和垂直短距起降飞机，成为真正意义上的两栖攻击舰，执行两栖作战和制海与反潜任务。

我们应该看到，"大隅"号两栖登陆舰服役之后，日本又建造了"下北"、"国东"两艘同级舰。"大隅"号的第一次大型海外行动是参与1999年土耳其西部大地震的救援。随后，在印度洋海啸、巴基斯坦地震和日本的几次救灾中，"大隅"级两栖登陆舰都发挥了重要作用，日本也从这些行动中获取了经验。再以后，在支援美军在阿富汗、伊拉克的作战行动中，"大隅"级两栖登陆舰同样扮演了重要角色。

2013年10月18日，为配合东京都伊豆大岛台风过境后残留的浮木和瓦砾等废墟清理工作，日本海上自卫队又从神奈川县横须贺基地出动"大隅"号两栖登陆舰，装载着陆上自卫队50辆重型机械和卡车等设备，启程前往台风灾区实施救援。由于伊豆大岛港口无法满足大型船舶入港的需要，"大隅"号上还搭载有气垫船，用于向陆地运送重型设备。其运输能力之强由此可见一斑。

人 日本筹划改装"大隅"级运输舰

　　尽管如此，随着中日两国对于钓鱼岛的争夺日益激烈，日本已经加快了筹划对"大隅"级运输舰改装的步伐。据日本《产经新闻》报道，虽然已经拥有3艘标准排水量为8900吨的"大隅"级运输舰，但日本海上自卫队并不满足，正在考虑将"大隅"级进行改装，以便用于装载美制两栖登陆战车AAV-7以及"鱼鹰"运输机。此前，日本防卫部门已经公布，将陆续从美国引进50辆AAV-7和17架"鱼鹰"运输机。

　　届时，改装后的"大隅"级运输舰可以一次运输330名登陆士兵、2艘气垫登陆艇、1400吨作战物资前往作战地点。由于该舰采用类似航母的全通甲板布局，其甲板上还可停放40辆卡车、6～8架"鱼鹰"运输机，内部还能装载15辆90式坦克或二十余辆AAV-7，从而形成一定规模的平面登陆（气垫船）和垂直登陆（直升机）能力，为其实现离岛防卫和夺回作战的目的提供保障。

日本欲引进百余架MQ-8监控钓鱼岛

【消息来源】　日本NHK电视台2013年10月28日报道，为强化对日本"西南海域"的警戒监视力度，日本防卫省目前正在考虑引进美国海军MQ-8"火力侦察兵"无人直升机，并对负责钓鱼岛等"西南海域警戒"任务的海上自卫队护卫舰展开调查。具体调查内容涉及无人侦察机的引进及引进后能否延长飞行时间、提高侦察能力等问题。

报道称，为加强对"西南诸岛"的"警戒"，日本防卫省已向相关海域派遣了护卫舰以加强警戒。在此期间，虽然舰载有人驾驶直升机一直在执行监视任务，但是飞行时间仅能维持3小时左右，需要执行长时间监视任务时必须返回护卫舰进行加油，这给飞行员造成了一定负担。

在此背景下，美国海军为驱逐舰部署的MQ-8型无人驾驶侦察直升机进入了日本防卫省的视线。对于美军新型无人直升机MQ-8，日本防卫省近期进行了相关调查，主要就该型无人侦察机在搭载于日本海上自卫队护卫舰后，能否延长飞行时间、提高侦察能力等进行了调研。在随后的调研中，日本防卫省还将就如何确保该类型无人机在无线操作下起降的安全性等进行讨论，并研究该无人机与有人驾驶直升机今后各自的分工问题。据了解，该无人直升机可连续进行8小时左右的侦察任务，日本防卫省计划引进160余架MQ-8无人侦察机。

MQ-8型无人驾驶侦察直升机由诺斯罗普·格鲁曼公司研制，该机是美国军方"未来战斗系统"的关键组成部分之一，可用于执行侦察、目标指示、通讯和对目标进行攻击等任务。这种新型无人驾驶飞行器的最大特点就是不但可探测目标，而且还可利用机载武器对其实施攻击。它配备的武器系统包括非制导火箭弹、机枪和多种型号的导弹，其最大战斗负荷可达260千克。自2002年5月首飞以来，MQ-8"火力侦察兵"无人侦察机已完成了200多次飞行试验，后续试验也正在紧锣密鼓的实施当中。

人 日本欲引进的MQ-8型无人驾驶侦察直升机

关于MQ-8"火力侦察兵"无人驾驶直升机,目前所掌握的资料有限,综合各方面报道,该机型与其他侦察机相比的优势主要体现在:

一、该机型的研制体现了美军"未来战斗系统"的设计思想。发展舰载垂直起降战术无人机的最初目的,是为美国海军及其海军陆战队提供实时的情报、监视、侦察、通信中继及战场管理能力。随着试飞验证的不断深入,"火力侦察兵"的战术技术性能得到了更为广泛的认可,可承担的任务也得到了进一步拓展。2003年,MQ-8B被美国陆军选中,作为其"未来作战系统"的旅级(IV级)无人机使用,为空地一体作战,有人、无人机协同作战以及陆军与联合侦察、监视、目标截获、通信系统的互联提供平台支持和保障。从2010年开始,美军开始大规模生产MQ-8B,主要配属美国陆军的旅级作战部队,该机的大规模生产在2010年后开始。2013年8月,诺斯罗普·格鲁曼公司又向美国海军交付了首架MQ-8C"火力侦察兵"垂直起降战术无人机,MQ-8C将主要部署在美国海军的驱逐舰上。据了解,日本此次计划引进的就是MQ-8C无人驾驶直升机。

二、该机型不仅可以很好地完成巡逻侦察任务,更重要的是,它还可以直接对目标实施火力打击。该机利用其机上挂载的GPS和半主动激光复合制导的"蝰蛇打击"精确制导武器、激光制导的"低成本精确杀伤火箭"和"九头蛇"无制导火箭,可以对地面或海上的点、面状目标进行火力打击。2005年7月,MQ-8B曾分别以74千米/小时和96千米/小时的飞行速度,成功地试射了两枚MK66型70毫米口径无制导火箭。这是无人旋翼机首次自主完成实装发射,标志着"火力侦察兵"无人机在武器化进程中迈出了重要一步。在完成导弹武器集成后,MQ-8B无人机的火力打击能力还将进一步加强,上升到一个新的台阶。

三、日本计划引进的MQ-8C相较MQ-8B具备更好的性能。据了解，MQ-8C无人直升机相比现役的MQ-8B无人直升机体积更大，飞行速度更快，其最高速度可达140节（约为260千米/小时），续航时间长达11～14小时，有效载荷搭载量1000磅（约为453.59千克）。MQ-8C将使美国海军的巡航持久力提高两倍，有效载荷搭载量提高到三倍。而日本也将依靠MQ-8C的优越性能，获得更为强大的持续监视、情报搜集和目标侦察能力。

此外，MQ-8使用的是以汽油为主的JP-5喷气机燃料和从美国亚麻籽油中提取的生物燃料混合而成。用生物燃料飞行，可减少对于石油的依赖，这对于能源匮乏的日本尤其重要。

就在2013年10月中旬，日政府已经基本确定了对于"侵犯其领空"的无人机的应对方针，其中包括采取击落等强制措施，安倍晋三已经听取了有关报告并表示认可。

对此，有分析人士指出，这给目前已经渐趋紧张的中日关系进一步增加了不确定性。由于MQ-8在执行巡逻侦察任务时，可实施主动攻击。而中国在东海设定的防空识别区又与日本的防空识别区多有重合，届时一旦两国无人机相遇，日本MQ-8若采取主动攻击，东海局势或将由此变得更加紧张和复杂。

日本水下六条"苍龙"威胁中国

【消息来源】 据《产经新闻》报道，2013年10月31日，日本海上自卫队的新型潜水艇在神户市中央区的川崎重工神户工厂举行了下水仪式，并被命名为"黑龙"。这次下水的是最新一艘"苍龙"级AIP（不依赖空气推进装置）潜艇。至此，日本下水的"苍龙"级潜艇的总数达到了6艘。该潜艇预计于2014年3月部署于广岛县的吴港基地，用于应对日益紧张的东海局势。

日本潜艇部队现有作战艇16艘、训练艇2艘，共计18艘。现役潜艇主要有"春潮"级和"苍龙"级。在日本，一线作战潜艇的编制只有16艘。2013年3月5日，"春潮"级潜艇SS-587"若潮"号从一线作战部队退出，空出的编制让给了"苍龙"级SS-505号潜艇。至此，"春潮"级已有5艘退役，1艘改为训练舰。日本潜艇将逐渐步入"苍龙"级时代。

"苍龙"级潜艇可以视为其之前的"春潮"级潜艇的放大改良版,是日本第一种采用AIP动力的潜艇,也是目前日本海上自卫队排水量最大的常规动力攻击型潜艇。作为当前日本现役最新锐的潜艇类型,"苍龙"级潜艇具备以下特点:

一、持久的续航能力。"苍龙"级潜艇的浮航排水量为2950吨,潜航排水量为4200吨,是目前全世界排水量最大的柴电潜艇。值得一提的是,"苍龙"级是日本第一种安装了AIP系统的潜艇。4台发动机额定总功率为280千瓦,当潜艇在水下以4~5节的低速航行时,可连续潜航至少2个星期不必上浮水面,同时可航行1800海里;当低于4节时,其持续潜航时间可进一步延长到3个星期左右,航行距离为2016海里。如果"苍龙"级潜艇从日本的那霸基地出航,绕过台湾岛,自巴士海峡东口依靠AIP潜航,基本上能保证它在水下潜航至中国海南岛的榆林基地外海,然后再悄悄返回。

二、独特的艇体结构。"苍龙"级在"春潮"级潜艇部分使用高强度钢的基础上,对其耐压艇体全部使用了高强度钢,从而使其下潜深度比"春潮"级的350米有了明显的增加。由于下潜深度的增加,"苍龙"级潜艇可以利用深海海水的复杂声学特性来进行自我掩护,以此进一步增强潜艇自身的隐蔽性。此外,"苍龙"级潜艇还安装有经过多年研制的极其先进的X形尾舵,比"春潮"级的十字形尾舵性能更为优越。因为传统的十字形尾舵,在潜艇坐沉海底时容易伤及尾舵中的垂直舵,而尾舵采用X形布置时,则不会有类似问题,其舵板长度也就不会受到以上限制。

三、先进的隐身设计。"苍龙"级潜艇充分借鉴了国内外先进的隐身设计理念和技术,使全艇更加隐蔽安静。"苍龙"级潜艇指挥台前缘根部与潜艇艇体的连接处呈圆弧状平滑过渡,这种过渡结构不仅降低了水流通过指挥台时的阻力，还大大减低了海水流过指挥台之后所形成的湍流，使得艇体周围的流场更趋于平稳，降低了流体噪声，提高了安静性。此外，"苍龙"级潜艇的艇体表面的主要部位还贴敷了大量的吸波材料，从而进一步降低了对方主动声呐的探测距离。

四、强大的火力系统。"苍龙"级装备有6个533毫米鱼雷发射管，具体布置方式是：在潜艇首部分为上下两层水平排列，上层2个，下层4个。鱼雷发射管可发射89型鱼雷、"鱼叉"导弹以及布放水雷等。其中，89型鱼雷的作战深度可达900米，整体性能与美国的MK48 ADCAP鱼雷基本相同，是一种反潜反舰均有效的攻击武器。

据了解，目前日本海上自卫队共建立有6个潜水队，分隶两个潜水队群，即第1、3、5潜水队隶属第一潜水队群；第2、4、6潜水队隶属第二潜水队群。第一潜水队群驻扎日本临近西南部的广岛吴港海军基地；第二潜水队群驻扎东北部的横须贺海军基地。其中，日本当前最先进的"苍龙"级和"春潮"级潜艇都集中在第一潜水队群，其矛头明显指向亚洲大陆上的中国海军。依靠吴港海军基地优良的地理位置，以及"苍龙"级潜艇超长的巡航半径，隐蔽的潜航能力，"苍龙"潜艇可以在中日钓鱼岛争端中，充分扮演情报监听和收集的角色，通过近海监视和电缆监听等手段，为日本海上自卫队提供第一手情报资料。

人 日本新型潜艇下水仪式

　　此外，"苍龙"级潜艇的反舰反潜能力也不容低估。2006年，美国"小鹰"号航空母舰与日本"春潮"级潜艇进行了一次对抗演练。当时日本以单艇、双艇、四艇这种编队与美国的"小鹰"号航母战斗群进行模拟战斗。事后，美国太平洋舰队的一名高官承认：日本潜艇确确实实给航母编队带来了重大麻烦。而作为比"春潮"级潜艇更为优秀先进的潜艇，"苍龙"级的作战能力无疑会更强。未来，中国"辽宁"号航空母舰或将受到来自"苍龙"级潜艇的严重威胁。

　　最后，需要看到的是，日本并没有把这种技术完全封锁起来。据《简氏防务周刊》2013年12月9日报道，澳大利亚国防部长约翰逊称，澳大利亚试图与日本合作为澳大利亚皇家海军未来潜艇项目研发推进技术。

消息表明，约翰逊在过去发给澳大利亚战略政策研究所的信函中表示，他正与日方官员针对潜在的工业合作项目进行交涉，希望日方能为澳大利亚SEA 1000新潜艇项目提供"苍龙"级潜艇所采用的动力技术。

约翰逊还称，驱动系统是潜艇上一个非常重要的部件，日本川崎重工生产的发动机具有超高的效率和输出功率。澳大利亚不需要日本提供整个驱动系统的相关技术，只需要在发动机方面能够给予一定的技术支援。

日本"村雨"级驱逐舰成"麻烦制造者"

【消息来源】 中国新华社2013年10月31日报道,中国海军10月25日在西太平洋海域举行实弹演习时,日本海上自卫队"村雨"级107舰"雷"号导弹驱逐舰强行闯入中方演习区并滞留3天,日自卫队舰机还持续对中国海军舰船实施了高强度的跟踪、侦察和监视。

资料显示,日本海上自卫队107舰舰名为"雷",属"村雨"级导弹驱逐舰,标准排水量4550吨,满载排水量5100吨。该型舰采用隐身设计,以反潜为其主要作战任务。"雷"号配属日本海上自卫队第一护卫队群第一护卫队,母港位于横须贺。

"二战"后日本共建造了两级"村雨"级驱逐舰,目前一代已经全部退役。二代"村雨"级驱逐舰是日本最新一级多用途驱逐舰,是继"初雪"级和"朝雾"级之后,日本海上自卫队的第三代反潜型驱逐舰。"村雨"级驱逐舰是日本海上自卫队第一型采用隐身设计和垂直发射系统的驱逐舰,并在武器和电子装备方面使用了多种本国产设备。

首艘"村雨"级驱逐舰"村雨"号于1996年3月服役,目前这一级别的舰船共建造了9艘。分别是"村雨"、"春雨"、"夕立"、"雾雨"、"电"、"五月雨"、"雷"、"曙"和"有明"号。作为以反潜为主、综合作战能力很强的驱逐舰,"村雨"级主要具备以下特点:

一、武器齐全先进,综合作战能力大幅提高。"村雨"级驱逐舰配备有包括舰载直升机在内的多种反潜、防空和反舰武器。其中,"海麻雀"舰对空导弹射程为14.6千米,"阿斯洛克"反潜导弹射程为19千米,它们均购自美国,是该舰主要的防空和反潜武器。

"村雨"级驱逐舰采用的是专用垂直发射装置。导弹垂直发射技术与传统的发射技术相比,具有反应速度快、发射率高、无射击盲区、可全方位发射、结构简单、重量轻、所占空间小、便于舰上布置等优点。目前,美国和俄国已进入垂直发射的实用阶段。日本也不甘示弱,已在"金刚"级和"村雨"级驱逐舰上采用了垂直发射这一先进的技术。所不同的是,"金刚"级舰的垂直发射装置是"阿斯洛克"和"标准"两种导弹共用,而"村雨"级舰则是首次在日本舰艇上采用两弹分开的专用垂直发射装置。

二、国产化、自动化程度高,指挥控制能力显著增强。与以往的作战舰艇相比,"村雨"级驱逐舰采用的武器和电子设备的国产化程度进一步提高。

该级舰采用的SSN-IB反舰导弹,89型鱼雷都是日本自行研制的。在电子设备方面,OPS-24对空搜索雷达,OPS-28D对海搜索雷达也都是日本最新研制的型号,OYQ-7作战指挥控制系统亦由日本自行研制。由于其采用更先进的计算机，使其信息处理速度大幅度提高，因而能够确保舰载武器对多种威胁目标作出更为快速的反应。

另外，通过比较可以看出，"村雨"级驱逐舰舰长151米，舰宽17.4米，标准排水量4600吨，与日本"旗风"级驱逐舰的主要尺寸和排水量大致相当。"旗风"级的舰员编制为260人，而"村雨"级的编制只有166人，比"旗风"级少了三分之一还要多。仅从这两级舰舰员编制的巨大差异就不难看出，"村雨"级的自动化程度有了极大的提高，具体体现在：操舵与主机遥控装置集中配置在一起，取消了轮机值更人员，实现了"机舱无人"化；各种武器装备均为全封闭自动化操纵；搬运作业的机械化和自动化程度也得到较大提高。

三、舰体设计合理，隐身性能好，且舒适性明显改善。日本在20世纪90年代开始建造的"金刚"级和"村雨"级舰，不仅注重了降噪隐身，而且开始注重舰体隐身。特别是"村雨"级舰在外形上采取了多种隐身措施，如舷部具有较大的外张度，其船体剖面呈"V"形；上层建筑所有外壁均带有显著的内倾度，整个上层建筑呈倒"V'"形；尽量消除产生雷达波反射的凹穴和凸出部位；上层建筑的转角做成圆弧形。这些措施的采用使该舰的雷达反射截面积远远小于以往的舰艇。

为吸引兵员上舰，"村雨"级驱逐舰最大限度地改善了舰员的工作和生活条件。该舰自动化程度的大幅度提高及由此带来的舰员编制大量减少，为改善居住环境提供了良好条件。例如，舰桥两侧的翼台，其他舰艇都是露天的，该级舰则首次改为封闭式，这样无论是在严寒酷暑，还是在风雨天气下，舰员都可以在舒适的室内执勤，从而使官兵在长时间的远洋巡航及作战中，始终处于一种良好的工作状态中。

　　关于"村雨"级驱逐舰，还有一个著名的事件，即中国"火控雷达瞄准"事件：据日本媒体描述，2013年1月30日，中国海军"连云港"号导弹护卫舰在东海向监视其舰队活动的日本海上自卫队第三护卫队群第七护卫队佐世保队"村雨"级驱逐舰三号舰"夕立"号照射舰炮火控雷达，"夕立"号当即停航拉响战斗警报。

人日本"村雨"级驱逐舰

　　2013年2月5日晚上，日本防卫大臣小野寺五典对媒体强调，动用雷达瞄准别国舰船极其罕见。雷达瞄准是一种可能被视作"蓄意攻击"的行为。小野寺称，"我们并未就此想扩大冲突事态，"但他补充说，"错一步便会陷入极其危险的状况。"不过，中国国防部随即否认了这一指责。

　　不管"火控雷达瞄准"事件是否存在，可以预见的是，中日今后的海上交锋依然会存在，甚至不排除擦枪走火的可能。而"村雨"级驱逐舰依旧会继续监视和骚扰中国舰船，并且可能成为引发中日海上冲突的一个最不稳定的因素。

日本大型巡逻舰准备"擦枪走火"

【消息来源】 日本共同社2013年11月28日报道，日本海上保安厅6500吨大型巡逻舰"秋津岛"号的交付仪式28日在横滨市矶子区的造船公司举行。这是日本海上保安厅第二艘全球最大级别的巡逻舰，配备了最先进的设备。今后这艘船将参与日本周边海域巡逻警备活动以及与其他国家的联合反海盗或反恐活动。

报道称，海上保安厅长官佐藤雄二在交付仪式上指出"周边海域的形势正越发紧迫"，期待"秋津岛"号能成为海上保安工作的支柱。

日本雅虎新闻网的报道则称，"秋津岛"号具有出众的防御能力和长期行动能力。与其同吨位的另外一艘为"敷岛"号巡逻舰，于1992年正式服役。"秋津岛"号是日本保安厅现役的"敷岛"号巡视船的二号舰，而后者是目前世界上最大的海上警备舰，这是时隔20年后，日本海上保安厅再次建造这种舰。

随着日本经济的发展，日本保安厅海上巡逻舰的吨位、性能也在不断地提高，甚至超过了许多国家的水面舰艇。根据相关资料，目前日本海上保安厅拥有1000吨级以上的海上巡逻舰50艘左右，其中能够搭载直升机的海上巡逻船超过20艘。1978年服役的"宗谷"级是日本第一艘具备载机能力的海上巡逻舰，它的满载排水量超过3000吨。在它的基础上，日本海上保安厅又建造了"津轻"级，共建造了9艘。其中第8艘"琉球"号部署冲绳，是第11海上管区的旗舰，在钓鱼岛冲突中经常能看到它的身影。

不过3000吨级的"津轻"级并没有让日本海上保安厅就此满足，20世纪80年代又开始建造5000吨级的双机型载机海上巡逻舰——"瑞穗"级，它的满载排水量超过了5300吨。由于舰体加长、加宽，内部空间和排水量都大幅增加，所以"瑞穗"级的续航能力、自持能力都比"津轻"级有了明显的增强。同时由于搭载有两架直升机，它的搜索范围、控制半径也要高于后者，特别是它还可以容纳海上指挥中心，作为海上指挥所来使用。不过由于成本昂贵，日本海上保安厅只建造了两艘"瑞穗"级，分别配备在第3和第4海上管区。

近年来，随着中国加强对钓鱼岛的巡航力度，日本海上保安厅也加强了在该岛周围的力量存在，将钓鱼岛周围的巡逻舰由2艘增加到3艘。在双方的对峙中，日本海上保安厅感觉现有舰艇，不论是速度还是机动性能都已经力不从心。比如，第11管区虽然有3000吨级的载机巡逻舰"琉球"号，但是由管区直辖，平时驻泊在那霸，距离钓鱼岛超过400千米，即使以20节左右的航速也需要半天的时间才能赶到。为此，第11管区目前已经决定将"琉球"号下拨给石恒海上保安部，石恒岛距离钓鱼岛只有150千米左右，可以在5个小时内赶到，所以大大提高了日本海上保安厅对于钓鱼岛的控制能力。

除此之外，近7000吨级的"敷岛"号也被日本海上保安厅视为手中的一张王牌。但是"敷岛"号海岸巡逻舰目前仅有一艘,考虑到舰艇需要定期维护及修理,人员也需要轮换,这样不可避免地会出现力量的真空。另外由于"敷岛"号当初是为了运输核燃料而建造,造价、使用费用比较昂贵,因此日本海上保安厅决定建造"秋津岛"号载机巡逻舰。历史上的"秋津岛"号是甲午战争中日本联合舰队的一艘防护巡洋舰。时隔两甲子,"秋津岛"号再次冲到了对华争端的前沿。

从日本发表的图片及资料来看,"秋津岛"号的性能与"敷岛"号基本相同。只是武器有所变化,用两门40毫米火炮替代了后者上面的35毫米火炮,同时保留原来的20毫米火炮。另外运输核燃料而采用的消防、防护等系统可能被取消。

此外,由于"秋津岛"号与"敷岛"号型号相同,从"敷岛"号的性能参数上,也大致可以了解到"秋津岛"号的特点。

一、该舰标准排水量6500吨,最大排水量7175吨,长150米,宽16.5米,吃水9米;航速25节,续航力高达2万海里。

二、该舰的动力系统为4台柴油机,舰上设置了宽大的直升机起降平台和双机机库,可搭载两架"超级美洲狮"重型舰载直升机。

而据最新消息显示,2013年11月28日,排水量达6500吨的大型巡逻舰"秋津岛"号在横滨市矶子区的造船公司被交付给日本海上保安厅使用。据称,"秋津岛"号将被部署于横滨海上保安部。

有分析指出,"秋津岛"号入列以后,日本海上保安厅将希望借此继续维持其在东海方向的优势,达到继续占领钓鱼岛的企图。"秋津岛"号入列将会使日本海上保安厅5000吨级以上的巡逻舰增加到4艘,这样在3000吨级的"琉球"号下放到石恒以后,日本海上保安厅有可能抽调一艘5000吨级以上的巡逻舰支援11管区，或者采取轮换的方式在11管区保持一艘5000吨级以上的巡逻舰。

由于日本海上保安厅5000吨级以上的巡逻舰均设有海上指挥中心，可以指挥现场的巡视船艇以及空中的飞机，形成整体作战能力。同时日本海上保安厅的指挥控制系统又与日本海上自卫队的指挥控制系统相交，必要时还可以取得后者的支援。因此，"秋津岛"号入列，无疑将加大日本在中日岛争中的实力。

因为钓鱼岛距日本本土较远，在日本海上保安厅没有补给舰的情况下，日本的大中型巡逻舰很难在钓鱼岛海域进行长期巡航。这种情况下，续航力和自持力都很强的"秋津岛"号就能在钓鱼岛外海起到重要的支援作用。表面上，"秋津岛"号没有直接参与钓鱼岛争端。但实际上，外围支援在此类岛屿争端中所起到的作用将不可小觑。

人 日本大型巡逻舰

　　鉴于日本海上保安厅大型巡逻舰的武器配备，以及日趋军事化的训练方式，可以断定，日本海上保安厅已经成为一支准军事化的队伍。

　　有专家预测，中日在钓鱼岛方向的冲突升级并不意味着爆发战争，升级导致的结果最有可能体现在中国海警与日本海上保安厅之间。因此，日本大型巡逻舰将最有可能与中国海监船发生"擦枪走火"的事件。

日本补给舰为海上舰队"添油加弹"

【消息来源】 日本共同社2013年12月8日报道，日本防卫相小野寺五典12月8日上午在菲律宾莱特岛塔克洛班市向媒体透露，根据当年1月生效的日澳《物资劳务相互提供协定》（ACSA），在菲律宾执行救灾任务的海上自卫队补给舰"十和田"号7日在菲律宾附近海域向运送物资的澳大利亚登陆舰"托布鲁克"号实施了供油。

"9·11"事件后不久，借美国对阿富汗动武之际，日本国会于2001年10月通过了有效期为两年的《反恐特别措施法》，为日本向海外派兵提供了法律依据。《反恐特别措施法》无限扩大了日本向海外派兵的范围，将日本自卫队的活动范围扩展到所有国际公海、上空和有关国家同意的外国领土。此外，根据这一法律，日本政府在采取反恐措施时不必经国会批准，而是以召开临时内阁会议的形式作出决定即可，但须在采取行动后的20天内报告国会。

2001年12月，日本政府根据这一法律，首次向海外派遣了自卫队，为在印度洋上活动的多国海军舰艇提供燃料及后勤保障服务。此举成为日本战后防卫政策的重大转折。

《反恐特别措施法》于2003年、2005年和2006年经日本国会三度延长。自2001年12月以来，日本海上自卫队共向印度洋派遣了59艘次舰艇和约1.1万人次的自卫队员。2008年12月12日，日本国会在众议院二次表决中最终通过了当天遭参议院否决的新反恐特别措施法修正案。根据这一修正案，日本向印度洋派遣自卫队的期限将被延长1年。自卫队的任务仍是为在印度洋上活动的美国等多国海军舰艇提供燃料和水。海上自卫队印度洋派兵的规模不变，但活动范围已扩展到所有国际公海。

由于受和平宪法的限制，目前日本自卫队在海外的主要任务是为西方等国家"供油"，因此，主要提供能源、物资、弹药补给的"十和田"号也就成为日本自卫队海外扩张过程中最为耀眼的"明星"。

"十和田"号补给舰是日本海上自卫队隶下的油弹综合补给舰。本级舰是继日本海上自卫队第一艘现代化油弹补给舰——"相模"号之后第二代现代化油弹补给舰，加上原有的"相模"号，日本海上自卫队四个在80年代陆续组建的护卫群，能平均分配到一艘补给舰。

根据日本防卫厅长官中曾根康弘在20世纪70年代规划的1000海里"航路带"构想，日本防卫省在1976年的防卫大纲之中，打算为海上自卫队组建四个护卫群，积极拓展海上自卫队的活动范围。为了配合护卫群的组建，日本海上自卫队随即规划建造新的油弹补给舰，即为3艘"十和田"级，分别从

1987年至1990年成军，取代了老旧的"滨名"号（第一代）油料补给舰；加上原有的"相模"号，四个护卫群能平均分配到一艘油弹补给舰（补给舰并未编制入护卫群），基本满足了远洋作业的需求。

与"相模"号相比，"十和田"级补给舰具有以下特点：

一、性能更先进。"十和田"级堪称"相模"号的放大改良版，标准排水量增至8100吨以上；船楼使用全封闭设计，增加了抗海浪能力。"十和田"级的动力也由两具柴油机提供，但功率较"相模"号更大，使吨位提升后的该级舰仍能维持22节的航速。

二、运行效率更高。"十和田"级的补给装置形式与"相模"号相同，舰尾同样有个直升机甲板，能起降CH-53之类的重型运输直升机。相较于"相模"号，"十和田"级最重要的改进是配备全自动化的舰内燃料/物资输送装置，使运作效率更高；而"相模"号直到现代化改良时才加装此种设备。

三、载重更多。"十和田"级补给舰能携带的补给物资包括船舰用燃油6500吨、航空燃油200吨、润滑油150吨、弹药150吨、干货补给物资（粮食、蔬菜等生活补给品）600吨等；舰上的弹药补给装置每次能输送1.5吨的弹药。除了补给工作之外，舰内也设有较完善的医疗设施，以提供舰队长期在外海活动所需的医疗支援。

如上所述，由于20世纪90年代日本通过海外派兵法案（PKO），因此从20世纪90年代末期起，几次国际间地区性冲突或人道救援场合，以及2001年美国遭受恐怖袭击后日本海上自卫队参与印度洋上的勤务等，都能看到"十和田"级补给舰伴随着日本海上自卫队派出的特遣分队航向世界各个角落。

人日本"十和田"级补给舰

    2008年11月10日,日本海上自卫队补给舰"十和田"号从广岛县吴基地出发前往印度洋,以基于《新反恐特别措施法》为美军舰艇等提供原油援助。这已是日本第四次依据该法派遣补给舰。另据日本统合幕僚监部总参谋部透露,包括旧法案执行期间,2001年至2008年9月底,日本海上自卫队补给舰已供油50万千升左右。

    2013年11月17日,搭载救援物资的日本海上自卫队补给舰"十和田"号又从广岛县吴基地出发,作为增援部队前往因台风"海燕"而受灾严重的菲律宾救灾。船上有约140名自卫队队员。"十和田"号预计22日左右抵达莱特岛附近,队员将在当地与自卫队国际紧急救援队的先遣调查小组汇合,开展医疗、防疫等物资的运送工作。也就是在这一次行动中,"十和田"号对澳大利亚登陆舰实施了供油。

从2011年度起，日本海上自卫队陆续为"十和田"级补给舰进行了延寿维修工程。不过，2012年发生的一次事故给"十和田"级补给舰的命运增加了一丝略显嘲讽的意味。

2012年1月7日晚间9时，停泊在横须贺的"十和田"级二号舰"常磐"号（AOE-423）的舰底发电机舱附近发生火灾。在横须贺当地消防队的全力抢救下，火势于2小时后被扑灭。

在今后的中日海上较量中，"十和田"号究竟会"增寿"还是"减寿"，其命运终究几何，一切均是未知数。

美国"鱼鹰"为日本"搬兵运粮"

【消息来源】 据日本共同社报道,日本政府在2013年12月17日的内阁会议上,通过了2014—2018年度《中期防卫力量整备计划》。计划中称,自卫队将引进17架新型运输机"鱼鹰"和3架无人侦察机,新设用于夺回离岛的作战部队。日本将促进打破陆海空壁垒的综合运用,着力于机动灵活的部队展开。

"鱼鹰"运输机是由美国贝尔公司和波音公司联合设计制造的一款倾转旋翼机,也是一款中型运输机。它于20世纪80年代开始研发,2007年开始在美国海军陆战队服役,2009年,美国空军也开始配备。

日本自卫队目前采用的大型运输直升机主要有V-107A和CH-47J"支奴干"直升机两种。其中,V-107A仅剩下数架,不久将全部退役。CH-47J目前配备有34架,其最大巡航速度为260千米/小时,航程仅为560千米,如此短的航程和过慢的航速已不能满足特种行动的需要。

　　此次日本计划引进的美国新型运输机"鱼鹰"，最大的特点是采用了倾转旋翼技术。倾转旋翼机是在类似固定翼飞机机翼的两翼尖处，各装一套可在水平位置与垂直位置之间转动的旋翼倾转系统组件，当飞机垂直起飞和着陆时，旋翼轴垂直于地面，呈横列式直升机飞行状态，可在空中悬停、前后飞行和侧飞；在倾转旋翼机起飞达到一定速度后，旋翼轴向前倾转90°角，呈水平状态，旋翼当作拉力螺旋桨使用，此时能像固定翼飞机那样以较高的速度作远程飞行。

人 美国新型运输机"鱼鹰"

　　"鱼鹰"倾转旋翼机采用了新的思维方法来设计直升机的旋翼和总体布局，设计思想已突破了传统直升机的范畴，是直升机技术突破性、跨越性的发展。与常规直升机相比，它主要有以下几个性能优点：

一、速度快。常规直升机最大速度超过360千米/小时，巡航速度超过300千米/小时的不多，而"鱼鹰"倾转旋翼机的巡航速度可以达到509千米/小时，最大速度可达650千米/小时。

二、噪声小。倾转旋翼机因巡航时一般以固定翼飞机的方式飞行，因此噪声比直升机小得多，并且在150米高度悬停时，其噪声只有80分贝，仅相当于30米外卡车发出的噪声。

三、航程远。"鱼鹰"的航程大于1850千米，若再加满两个转场油箱，航程可达3890千米。如果进行空中加油，该机具有从美国本土直飞欧洲的能力。而常规直升机的航程很少能超过1000千米。

四、载重量大。"鱼鹰"悬停重量已达21800千克，CH-47J"支奴干"直升机的载重量只有12100千克。目前计划研制的下一代"鱼鹰"四旋翼倾转旋翼机可装载80～100名士兵或10～20吨货物。

五、耗油率低。"鱼鹰"在巡航飞行时，因机翼可产生升力，旋翼转速较低，基本上相当于两副螺旋桨，所以耗油率比常规直升机要低很多。

六、运输成本低。综合考虑"鱼鹰"耗油量少、速度快、航程远、载重大等优点，其运输的成本仅为常规直升机的1/2。

凭借以上常规直升机无可比拟的优势，"鱼鹰"倾转旋翼机能使行动部队以较快速度通过危险地区，而且它还有能力在一个夜间就把作战人员输送到数百千米以外的行动地点，在完成任务后又可以迅速返航。美国最新测试结果显示，该机可在8小时内实现3890千米外的部署，比原来要求的12小时大大缩短。

"鱼鹰"作为一种高速倾转旋翼机型，无论是作战半径还是飞行速度都远优于一般直升机，在夺岛作战中，"鱼鹰"可以快速地将大量作战部队部署到战场，这在夺岛初期能起到关键性的作用，甚至能直接左右一场夺岛作战的成败。也正因如此，日本自卫队在获得"鱼鹰"运输机后，将大大增强其在执行兵员或装备突击运输、战斗搜索和救援、特种作战、后勤支援、医疗后撤、反潜等方面任务时的能力。

在现代战争讲求分秒必争的背景下，把握时机、抢占先机，往往就意味着掌握战争的主动权。而按照目前"鱼鹰"的运输能力，一旦中日围绕钓鱼岛发生争端，日本自卫队将可依靠这17架"鱼鹰"，一次向争端区域迅速投放544名作战队员和255000磅（约合115.7吨）物资；同时还可依靠"鱼鹰"速度快、航程远的特点，对战斗区域的兵员、装备快速实施二次投放以及多次投放，既能保证其每次所投放的兵力、装备形成规模，形成战斗力，同时也可大大缩短快速部署战斗部队的时间，继而实现其机动灵活作战的目的。

就在日本紧锣密鼓想要引进美国"鱼鹰"运输机的同时，美国也加快了在驻日美军基地对"鱼鹰"运输机的部署。2013年7月30日，美国向冲绳县普天间机场追加部署了12架"鱼鹰"运输机，加上之前部署的12架"鱼鹰"，盘踞在冲绳基地上空的"鱼鹰"已达24架。相比目前部署在冲绳的美军运输直升机，"鱼鹰"运输机作战半径将会大幅增至585千米，而且速度也一起倍增。24架"鱼鹰"，可以在一个半小时内，将一个营的海军陆战队，快速部署到钓鱼岛。

而据目前掌握的信息显示，除了冲绳以外，美军还计划以静冈县御殿场市的富士军营和岩国基地为据点，在本州、四国及九州开展"鱼鹰"飞行训练。此外，2013年7月29日，美国太平洋空军司令卡莱尔在美国华盛顿表示，计划将在东京横田基地也部署"鱼鹰"，如果该计划付诸实践，这将是在日本本州岛第一次部署"鱼鹰"运输机。

日本P-3C继续巡逻中国防空识别圈

【消息来源】 日本《产经新闻》2014年1月8日报道，基地位于冲绳县那霸市的日本海上自卫队第5航空队，8日向日本媒体公开了P-3C警戒侦察机的训练飞行情况。第5飞行队司令大西哲在警戒侦察机起飞前向队员训示，认为日本卷入的安全保障环境正在发生剧烈变化，对于负责的海域，必须以加倍的努力完成任务。并表示在中国设定防空识别圈后，依旧会按照既定计划巡逻钓鱼岛及周边空域。

有关日本的P-3C警戒侦察机（因为其也具有反潜巡逻功能，故也称P-3C反潜巡逻机），关注日本军事的朋友并不陌生，因为在中日钓鱼岛争端中，每每可以看到它的身影。

2013年4月2日凌晨，正在执行远海训练任务的中国海军南海舰队联合机动编队结束在西太平洋海域的训练,从巴士海峡回到南海海域。在进入巴士海峡之后,联合机动编队遭遇了日本海上自卫队的P-3C警戒侦察机的跟踪与侦察。

2013年5月19日,P-3C在冲绳县南大东岛以南日本毗连区内发现不明国籍潜艇(日媒报道称该潜艇疑属中国海军)后,向该潜艇所在海域投下声呐浮标。

2013年9月8日~9日,2艘中方护卫舰从太平洋驶往中国大陆方向。驾驶舱中的机长发现在前方海上航行的中国船只后,将P-3C下降至距海面约170米的高度。站在机长席后方负责监视的机组人员将手中的双筒望远镜换为照相机,对中国舰船进行了拍摄。

可以说,近年来,只要有中国军舰通过第一岛链执行远海训练任务,几乎都会有P-3C警戒侦察机尾随的身影。P-3C已经成为名副其实的"第一岛链偷窥者"。

P-3C是美国洛克希德·马丁公司在民用客机的基础上改进而成的反潜飞机,绰号为"猎户座"。"猎户座"诞生至今已有四十余年,尽管已是一员老将,但是在海湾战争中,它还是披挂上阵,为多国部队提供了大量情报。日本的P-3C,也是来自美国,只是在日本组装,于1982年开始投入使用。当时,日本为了加强对苏联战舰在日本海活动的监视,开始部署该型机。在20世纪80年代里,日本海上自卫队先后部署了大约100架P-3C型机。20世纪90年代,日本海上自卫队出于特殊任务的需要,把一些P-3C改装成特种用途飞机。其中,6架P-3C改装成EP-3,专门负责对中国等国的战舰进行电子侦察。

人 日本P-3C巡逻机

虽然P-3C从问世到现在已有四十余年，但它至今仍是侦察反潜能力很强的警戒侦察机。它的突出作用主要体现在：

一、强大的警戒侦察能力。P-3C飞行控制系统主要由集成的通用数字计算机组成，可以执行战术显示、监控等任务，并且能为飞行员提供飞行数据。它采用4台阿里森公司的涡轮螺旋桨发动机，每台3.6兆瓦。这使它的续航时间达到10～12小时，最大任务航程为4410千米，作战半径为2490千米，升限8625.84米。该型机拥有较远的航程，甚至可以对中国南海进行空中侦察活动。其中，驻鹿儿岛和冲绳的P-3C侦察机部队几乎每日都出动飞机，对东海实施空中巡逻侦察，时刻监视中国舰船的动向。

二、强大的反潜巡逻能力。P-3C探测潜艇有多种方法，包括向可疑海域投放声呐探测系统获取可疑声音。情报专家可以把那些声音与库存的各种潜艇"声音"对比，由此很快就可判定水下目标是何种潜艇。不仅如此，该型机还可以使用雷达或其他声呐系统确定对方潜艇的具体位置。为了大范围探测对方的潜艇，每架P-3C可以携带84个声呐浮标系统，并可配备多个磁性和红外探测器。目前，日本海上自卫队大约拥有七十余架各类P-3C侦察机，它们组成9个空中侦察中队，分别部署在全国5大航空基地，包括冲绳、鹿儿岛、横滨和青森等地，对靠近日本西部海域的他国海上目标进行侦察和监视。

消息显示，从1994年起，美军开始对现役的约267架P-3C进行延长服役期的改进，2002年又进一步改进。最新改进的P-3C将明显增强在近海海域的反潜作战能力，并将至少服役至2015年。经过不断改进，P-3C已成为当前世界上最好也最畅销的警戒侦察和反潜巡逻机。目前，洛克希德·马丁公司正积极向日本、巴西、德国、印度、意大利、巴基斯坦、葡萄牙和韩国推销P-3C以及升级改进计划。

对于日本，虽然近期不断有日本军方人士表示，P-3C服役时间过长，且由于每天仅能做一次侦察飞行，日本方面认为其可能无法胜任监视东亚各国的任务。故此，日本正筹划引进美国的"全球鹰"无人侦察机。可是，P-3C因为其强大的巡逻侦察、反潜能力以及其在监控东海局势方面所起到的巨大作用，短时间之内仍然无法被替代。

就在2013年1月8日日本海上自卫队第5航空队开展的飞行训练中，人们又看到了P-3C的身影——3架P-3C在飞离冲绳本岛后，向西实行约300米的低空飞行。其中2架并排组队，盘旋于久米岛周边海域上空。据介绍，位于那霸基地的第5航空队共拥有15架P-3C，昼夜不停歇地执行着警戒任务。

可以设想，在今后很长的一段时间内，P-3C仍将是日本执行巡逻侦察任务的"急先锋"，也将是中国海军舰队率先碰面并与之较量的一个强悍狡猾的对手。

美国正在日本部署"潜艇终结者"

【消息来源】 日本NHK电视台2014年1月9日报道，美国海军近日向媒体公开了即将第一次在日本配备的最新P-8"海神"反潜巡逻机。该反潜机主要针对中国海洋进出战略，强化在亚太地区的信息收集体制。报道称，按照计划，美军首批会有6架P-8巡逻机部署在美军驻日本冲绳的嘉手纳基地，该基地距离钓鱼岛只有400多千米。部署工作将在当月内完成。

回首冷战年间，世界上两个超级大国之一苏联建设了一支规模庞大的潜艇部队。当时，苏联的核潜艇航速快、下潜深，对其发现、定位都比较困难。为了对付苏联的潜艇，另一个超级大国美国就不断地研制和更新反潜装备，大型陆基反潜巡逻机就是其中之一。冷战后期，性能优良的P-3C"猎户座"反潜巡逻机开始服役，不仅成为美军的标准装备，还大量出口到日本等盟国。

　　但是，任何先进装备都是从装备的那一天开始就渐渐进入老化过时的。进入新世纪后，美国开始筹划研制P-3C的后继机型，美国海军对这一机型的定义为"多任务海上巡逻机"。2000年，经过多方制造商的激烈竞争，波音公司的方案最终胜出，新的机型被命名为P-8"海神"巡逻机。

　　P-8"海神"巡逻机以波音737客机为平台，不仅成熟度高，对潜艇的搜索打击能力也更强。综合各方资讯，P-8"海神"巡逻机的先进性主要体现在：

　　一、更为优越的飞行性能。尽管基于波音737设计的P-8只是一架双引擎飞机，但与四涡轮螺旋桨式的P-3C相比，其性能还是有很大的优势。资料显示，P-8的巡航能力相较后者平均高出25%～30%。其巡航速度为815千米/小时，最大速度可达907千米/小时，最大航程2222千米，这便使得P-8能够更快地前往目标侦察海域。当卫星或是声呐系统在最初发现潜艇时，这种速度和航程上的优势显得至关重要。

　　二、更为强大的反潜作战能力。在进行反潜作战时，一架P-8巡逻机可同时监控64个被动声呐浮标、32个主动声呐浮标，反潜效能超过3架P-3C。在武器配置方面，P-8最主要的武器为MK54反潜鱼雷，该鱼雷代表了当今世界轻型空投反潜鱼雷的最高技术水平。通过技术改进，该鱼雷在整个航行深度范围和速度范围内都具有很高的可靠性和变速能力。此外，P-8的武器挂点多，其5个内置武器挂点和6个外挂点均可挂装反潜鱼雷、炸弹和水雷等武器，并可发射"鱼叉"反舰导弹打击敌方水面舰艇。因为其强大的反潜作战能力，P-8也被成为"潜艇的终结者"。

　　三、更为先进的磁异探测系统。2005年7月，加拿大CAE公司从波音公司获得一份价值500万美元的合同，为美海军P-8反潜巡逻机提供先进的一体化磁异探测系统，以用于反潜作战。资料显示，该磁异探测系统将通过确定地球磁场中的磁力变化或反常现象（可能由潜艇造成），提高对水下目标的搜索、探测、定位和确认能力。

四、更为发达的雷达探测系统。2006年6月，美海军采用了雷声公司为P-8反潜巡逻机研制的新型海上监视雷达。该雷达能够彩色显示天气信息，并在"边扫描边跟踪"和目标探测模式等方面提供更强大的能力，可被P-8导弹控制和显示系统全程在线引导。雷达项目总工程师克雷格·扬认为："该雷达代表着先进的技术，并为P-8、波音公司和海军用户带来了更强的完成使命任务能力。"

人 P-8反潜巡逻机

2006年7月，波音公司又对P-8反潜巡逻机进行了重大技术改进，最主要的改进集中于控制系统。改进后的系统带有5个相同的控制站，能让机组人员处理P-8仪表收集的大量信息。该控制系统能使机组人员实时处理数字信息。控制站监控的信息包括每次飞行前更新的全球地图的数字图像、雷声公司多模式监视雷达、武器系统以及电子监视器。波音公司表示，改进后的控制系统将帮助P-8更好地执行其主要任务，即反潜战（ASW）、反面战（ASW）、侦察和情报搜集。

作为P-3C的替代机型，P-8自问世之初便受到世界多国的关注和青睐。2009年3月，奥巴马政府批准波音公司向印度出售8架P-8I（P-8I为P-8的出口机型），这笔21亿美元的交易成为迄今为止美对印最大的一宗军火出售案。印度也成为P-8战机的首个国际客户。

而随着中日关系的紧张，以及美国对于中国军事崛起的关注和焦虑，美国最近又将最先进的P-8巡逻机部署于驻日基地，凭借其优越的监视能力，密切关注中国潜艇力量的发展动态。美日双方将通过P-8巡逻机强化在亚太地区的信息收集体制。据最新消息，针对近年来中国不断扩大的海洋战略，美日目前已在神奈川美军厚木基地增设了共享位于东海航行潜艇信息的设施，加深美军与日本自卫队之间的合作关系。

与此同时，日本海上自卫队目前拥有84架P-3C反潜巡逻机（一说是75架），加之日本国产P-1反潜机的服役，从美军将P-8巡逻机部署至日本开始，美日不同型号的巡逻机之间也将通过共享信息来强化监视能力，以做到对中国海军舰艇的动态"了若指掌"。

日本"整合者"无人机难改东海局势

【消息来源】 英国《简氏防务周刊》网站2014年1月13日援引时事通讯社11日的报道称，日本防卫省官员表示有意购买波音公司旗下的波音—英斯图公司生产的"整合者"无人侦察机，即美国海军陆战队和美国海军的RQ-21A无人机。

报道称，这款无人机的续航时间超过13个小时，实用升限可达1.95万英尺（约合5943米），最大飞行时速和巡航时速分别为166千米和111千米。目前的有效载荷包括一个光电/红外摄像头、一个通信中继器和一套追踪海上舰船的自动识别系统。

"整合者"无人侦察机可以从弹射器上发射，目前部署在澳大利亚、加拿大、荷兰、新加坡、英国和美国海军舰艇上的"扫描鹰"无人机使用的也是同类弹射器。日本陆上自卫队在2013年也对"扫描鹰"参与地面作战的能力进行了测试。

"整合者"无人侦察机是美国波音—英斯图公司研制的一种小型无人侦察机。2010年7月，波音—英斯图公司获得了总额为4370万美元的小型战术无人机系统合同，为海上力量团队提供海上和地面持久战术情报、监视与侦察数据搜集和分发服务。"整合者"无人侦察机作为该公司"扫描鹰"无人机的补充，主要用于海上监视与观察、情报搜集、目标搜索、通信中继等各种战术支援。该机通过气动弹射发射架发射，可以用固定式控制站或安装在悍马吉普车上的高机动控制站控制。"整合者"无人机能部署到前线、车辆、舰船上。

"整合者"作为美国新近研发的一款性能优越的无人侦察机，于2012年7月28日在俄勒冈州东部的试验场完成了1小时的首飞，波音—英斯图公司负责"整合者"无人机项目的高级副总裁瑞安·哈特曼说："我们以往从未做过这样的飞行。目前这架'整合者'无人机即将完成在加利福尼亚州中国湖海军航空武器试验场进行的发展和作战测试。这个阶段的测试工作将于12月份完成。"

这个阶段完成后，美国海军将考虑采购2套低速率初始生产型的"整合者"无人机系统，一套系统用于地面测试，另一套用于舰载测试。每套系统由5架无人机、1个地面控制站、发射和回收系统及支援装备组成。"整合者"无人侦察机既可以从地面上，也可以从海上起飞和回收。根据现有的采购计划，海军陆战队将采购32套"整合者"无人侦察机系统，海军将采购4套该系统。

2013年4月9日，"整合者"又完成了首次海上测试。整个测试历时2小时。波音公司称，此次飞行前已进行了3个月的开发测试与作战评估。"整合者"无人机起飞和降落不需要跑道，其有效载荷可迅速重新配置与集成，帮助指挥官做出快速反应以应对多变的威胁。

作为"扫描鹰"无人机的后继机型，"整合者"与前者相比主要具有以下特点：

一、"整合者"无人机长7.2英尺（约合2.2米），翼展16英尺（约合4.8米），重135磅（约合61.2千克），最大飞行速度148千米/小时，飞行升限为15000英尺（约合4572米），最大航程约50海里。该无人机使用"即插即用"的任务设备，可以根据需要调换以执行多种类型的任务。操作"整合者"无人机系统的海军舰员和海军陆战队队员的数量也可以非常少。

和"扫描鹰"相比，"整合者"无人机携带的负荷更大，包括了昼夜全动视频摄像机、红外标识器、激光测距仪和自动识别系统接收机（用于识别水面舰船进行态势感知），可提供每天15个小时的情报、监视与侦察和通信中继服务，24小时的短期突发通信服务。

二、"整合者"由气动弹射器发射，由Skyhook（"天钩"系统）的缆绳勾住无人机的翼尖来进行回收。这种发射和回收系统既不需要跑道，也不需要网，完全可以在水面舰船上使用。而据美国研发者介绍，最近"整合者"无人机的鼻端（或者鼻端下面的球状体内）被装上了一套传感器设备。不过美方拒绝透露这种无人机是否能够携带进攻性或者防御性武器，只是说："我们对小型战术无人机系统的需求只是情报、监视与侦察和海域感知，这也是目前我们的工作重点，是设计该系统的初衷。当然，随着任务形势和用户需求的变化，系统本身也会跟着调整。"

日本三大自卫队目前都没有配备无人机，这在某种程度上是因为无人机被认为具有潜在攻击性，因而会违反宪法。此次日本方面决定购买"扫描鹰""整合者"无人侦察机以及4架具备高空长航时飞行能力无人机的计划，分析认为，这是日本对缺少能够感知海域态势和应对灾害的情报、监视与侦察力量感到强烈担忧的反应。

而综合日本各大媒体的报道可以了解到，日本政府引进"整合者"无人侦察机的目的是使用该无人机系统对东海的中国军事活动进行侦察，同时也希望它可以执行多种类型的任务，包括陆基和海基的战术侦察监视、目标获取和数据搜集，作为筹划中的海军陆战队及其下属指挥部一种专业的情报、监视与侦察系统，能够直接向战术指挥官传送实时数据。

日本还希望"整合者"无人侦察机在部队级的兵力防护行动中起到为战术机动决策服务的作用，为海军舰船、海军陆战队地面部队、海军远征作战司令部部队以及海军特种作战部队的兵力防护提供持久的侦察、监视和目标获取支援。

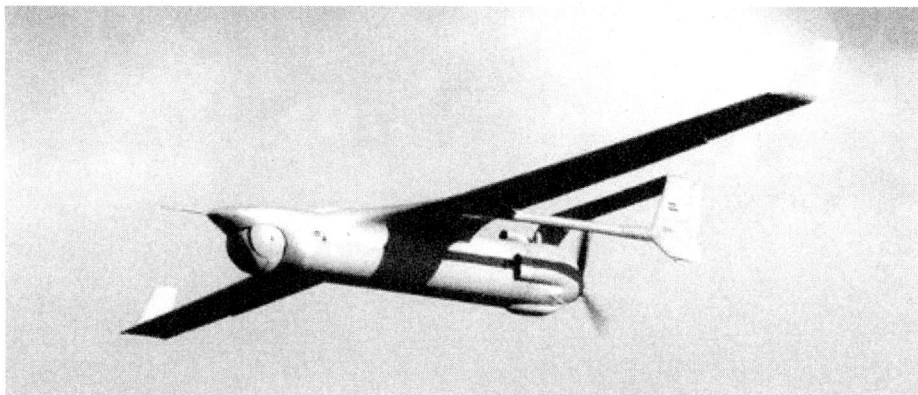

人 美国"整合者"无人侦察机

而据最新消息显示，日本防卫省已于2014财年拨款200万日元（约合19193美元）用于"学习和研究舰载无人机与海上自卫队舰艇间的兼容性……

包括技术趋势，每种机型的飞行性能、作战能力、武器和传感器等机载设备，以及与海上自卫队舰艇间的兼容性"。有报道称，其中所提到的舰载无人机实际就是"整合者"无人侦察机。

可以预见，随着日本自卫队引进"整合者"无人侦察机，其对东海海域特别是钓鱼岛地区的警戒侦察能力无疑会进一步得到加强，对中国的军事监视以及军事对抗也将不断升级。只是中日关系太过错综复杂，远不是一两架侦察飞机所能解决的，所以"整合者"只怕难改东海局势。

日本引进两栖攻击舰加强钓岛防卫

【消息来源】　日本时事通讯社2014年2月1日报道，日本海上自卫队日前决定从美国引进大型两栖攻击舰，以加强钓鱼岛及冲绳附近西南诸岛的防卫。报道援引日本防卫省透露的消息说，日本计划引进的两栖攻击舰主要参照美国海军的"黄蜂"级两栖攻击舰"埃塞克斯"号。日本防卫省计划在2018年前，从美国引进这艘两栖攻击舰。

近来，"两栖攻击舰"业已成为热点新闻中的高频词。作为两栖舰船庞大家族里的一员，搭载多种登陆装备的两栖攻击舰，其核心能力主要是海、空一体投送，可谓战斗力与救援力兼具，"铁面"与"柔情"集于一身。在有岛屿争议问题的国家，它往往被视为"必要的武器"。

两栖攻击舰受到各国海军部队的青睐，实际上体现的是一种全新作战理念开始被各国认可和接受。20世纪60年代以后，"垂直包围"登陆理论成熟，直升机进入两栖作战体系，"两栖攻击舰"新舰种的出现，使得两栖登陆作战空间由二维平面拓展至三维立体空间。

20世纪70年代，开始出现"均衡装载"理论，使得按建制单位输送登陆兵及其武器装备和物资、实施立体登陆作战成为现实，这便是现代两栖攻击舰的问世之因。

50多年前，美国海军理论家认为核武器的出现意味着海滩攻击的结束，从而大胆预测两栖作战的终结，这样的声音一度成为两栖战舰发展的强大阻力。可时至今日，同样来自美国的学者却开始撰文呼吁"两栖攻击舰不应成为削减的目标"。

伴随这种声音，各国海军纷纷开始重视两栖攻击舰的研发和装备。比如美国海军计划在2011年采购一艘两栖攻击舰，俄罗斯则与法国敲定了引进其4艘"西北风"级两栖攻击舰的采购计划。刚刚跨入2014年，日本也开始决定引进两栖攻击舰。今后，在中日钓鱼岛争端中，人们或许将会看到两栖攻击舰的身影。

根据相关报道，此次日本计划引进的两栖攻击舰是素有"钢铁短吻鳄"之称的"埃塞克斯"号，它属于美国海军"黄蜂"级两栖攻击舰。"黄蜂"级两栖攻击舰，是美国海军隶下的以直升机为主要作战武器，配备船坞的多功能两栖攻击舰。该级舰基于"塔拉瓦"级两栖攻击舰设计建造，但相较于"塔拉瓦"级能使用更先进的舰载机和登陆艇。"黄蜂"级几乎能运输一整支美国海军陆战队远征部队，并通过登陆艇或直升机在敌方领土纵深或前沿作战。

据目前掌握的资料，美国"黄蜂"级两栖攻击舰主要具有以下特点：

一、基本设计。"黄蜂"级的舰内坞舱长82.1米、宽15.3米，虽然账面尺寸比

"塔拉瓦"级小，不过由于内部结构变更的关系，"黄蜂"级的坞舱一次能容纳3艘气垫登陆艇或12艘机械登陆艇（"塔拉瓦"级一次只能搭载1艘气垫登陆艇或4艘机械登陆艇），并且能在坞舱内直接为其所属小艇进行整补。此外，"黄蜂"级还在原始设计中纳入了对AV-8B战机的运用能力，使得它无须接近滩头便能进行攻击任务。"黄蜂"级还拥有两具供运送航空器使用的大型升降机，这两具升降机都能运送重型直升机。

二、航空配置。在标准的搭载模式下，"黄蜂"级的舰载机阵容可为4架CH-53运输直升机，12架CH-46运输直升机，4架AH-1W攻击直升机，6架AV-8B垂直起降攻击机，2架UH-1N通用直升机，或者是9架CH-53，12架CH-46，4架AH-1W，6架AV-8B，4架UH-1N，载机总数大致在30架上下。在突击模式下，舰上可搭载42架CH-46运输直升机。而在操作最新一代的"鱼鹰"MV-22倾转旋翼运输机时，"黄蜂"级最多能容纳12架。除了以直升机进行垂直包围作战外，"黄蜂"级还能搭载20~25架AV-8B垂直起降战机与4~6架SH-60B反潜直升机，从而当作航空母舰来使用。由于"黄蜂"级的飞行甲板够长，AV-8B即使不靠滑跃甲板都能顺利起飞。在一般编制6架AV-8B的情况下，"黄蜂"级平均每日出击架次约为10~20架次；如果在制海舰模式，搭载二十几架AV-8B的情况下，每日出击架次可提高到约30架次。

三、船电武装。"黄蜂"级两栖攻击舰配备有SWY-3武器指挥系统与ACDS作战系统（先进作战指挥系统），两者连结舰上所有的雷达与电子战系统，可指挥密集阵近迫武器系统以及北约"海麻雀"防空导弹进行防空接战。"黄蜂"级两栖攻击舰还具备完善的指挥自动化技术系统，以便指挥两栖作战，并且拥有齐全完善的医疗设施。当登陆部队出发后，舰上的床位空间能立刻转换并成立一所拥有600张病床的野战医院，此外还有4间手术室。

人 日本引进的"黄蜂"级两栖攻击舰

　　而据最新消息，美国海军已经承认，"黄蜂"级两栖攻击舰可以搭载F-35战斗机。美国已经在2013年上半年完成了对"黄蜂"级两栖攻击舰飞行甲板的改装，从而可以搭载和起降F-35战机。而F-35战机上舰以后，无疑将大大增加该型两栖攻击舰的攻击能力。

　　按照目前美国军事理论对于两栖攻击舰地位、作用的认识，以两栖攻击舰为核心，可以组建一支"远征打击群"。每个打击群由一艘"黄蜂"级两栖攻击舰为核心，搭配两艘船坞运输舰或船坞登陆舰，外加护航的一艘"提康德罗加"级巡洋舰，一艘"伯克"级驱逐舰，一艘"佩里"级护卫舰以及一艘攻击核潜艇。其中，打击群里三艘两栖舰艇所能搭载的陆战队总兵力就可以达到2000名。"远征打击群"的投送能力虽然不及传统的航空母舰战斗群，不过实际上"黄蜂"级所搭载的航空武力已经超过大部分国家所拥有的小型航空母舰，足以应对一场低强度区域性冲突所需的火力支援与垂直输送需求。

届时，一旦日本围绕引进的"黄蜂"级两栖攻击舰组建"远征打击群"，将可凭借"黄蜂"级以及两艘所属两栖舰艇所搭载的各式直升机与登陆载具，将所携带的部队以最快速度送上陆地，并借由"黄蜂"级优越的指挥能力以及舰载战机、攻击直升机提供的火力支援执行夺岛军事行动，从而大大提高日本与中国在钓鱼岛问题上博弈的实力。

日本火箭速度列装"秋月"级驱逐舰

【消息来源】 日本共同社报道：2014年3月12日、13日两天，日本海上自卫队连续服役了两艘最新型"秋月"级驱逐舰——三号舰"凉月"号与四号舰"冬月"号。至此，日本海上自卫队于2007年所订购的四艘"秋月"级"有限区域防空"驱逐舰已经全部入编服役。

"秋月"这个名字并不陌生，因为它曾经是"二战"时日本海军的舰艇名字。为了应对飞机对水面舰艇的威胁，"一战"以后帝国主义列强开始研制专门的防空型军舰以增加舰队的防空能力。日本海军也于1937年提出了防空型军舰的设想，要求军舰具有强大的防空火力、良好的耐波性、相对较高的航速、较长距离的续航能力，能够伴随航母进行保护，这就是后来的"秋月"级防空型驱逐舰。"秋月"级防空型驱逐舰一共建成了12艘，有6艘战沉，6艘保留到了战后。

2007年，日本开始批准建造最新的"秋月"级驱逐舰。首舰"秋月"号于2010年10月13日下水，二号舰"照月"号于2011年9月15日下水，而今，再加上刚刚服役的三号和四号舰，日本海上自卫队已经拥有了四艘"秋月"级驱逐舰。

"秋月"级驱逐舰的设计主要脱胎于"高波"级驱逐舰，作战功能在"高波"级驱逐舰的基础上又有进一步的拓展。"秋月"级驱逐舰的舰体基本沿用了"高波"级的设计，作战区、居住区等配置基本与"高波"级一致，但是在舰桥结构和后部上层建筑上有所修改。"秋月"级驱逐舰长151米，与"高波"级驱逐舰相同；宽18.3米，比"高波"级驱逐舰在水线宽方面增加了70厘米；吃水5.3米，比"高波"级驱逐舰增加了10厘米。"秋月"级驱逐舰标准排水量为5000吨，满载排水量为6800吨，由于"秋月"级驱逐舰上层建筑的修改，因此标准排水量比起"高波"级驱逐舰增加了350吨。"秋月"级与"高波"级外表虽然相似，但"秋月"级的内在修改却很多，主要包括：

一、动力方面。该舰采用了5叶变速螺旋桨以降低水下噪音；使用4台总功率达6.4万马力的燃气轮机，使其最大航速可达30节；3台发电机功率升级至2400千瓦，并不再安装柴油机驱动的停泊发电机。

二、武器方面。"秋月"级将127毫米舰炮的射速升级到了16~20发/分，有效射程达24.1千米，其前甲板还装有32单元的MK41型导弹垂直发射装置，可发射改进型"海麻雀"防空导弹和"阿斯洛克"反潜导弹。

三、反潜方面。"秋月"级对"高波"级的舰艏声呐和拖曳式声呐都进行了升级，并装备了2座旋转式三联装324毫米鱼雷发射管。其机库可容纳2架反潜直升机，每架直升机可携带2枚反潜鱼雷或深水炸弹。此外，"秋月"级驱逐舰还首次装备了鱼雷对抗装置，利用鱼雷对抗智能系统对本舰的音响传感器和诱饵装置进行控制，以发出干扰声欺骗鱼雷声呐，并将鱼雷诱至远离本舰的位置。

如果"秋月"级仅仅只是这样的配置，其对"高波"级的修改并不大，根本无需再设计一级新的驱逐舰。"秋月"级与"高波"级最大的不同，在于其雷达系统和指挥控制系统。正是这一改变，带来了划时代的新一级通用驱逐舰。

人 日本建造的"秋月"级驱逐舰

"秋月"级加装的相控阵雷达为FCS-3A型有源相控阵雷达，该雷达是

FCS-3型有源相控阵雷达的改进型，添加了区域防空能力。该雷达采用了四阵面的安装方式，在舰桥和与机库一体化的后部上层建筑上各自安装了两组阵面，以实现360°覆盖。由于采用了新材料和新技术，FCS-3A型雷达的搜索、跟踪范围都得到了延伸，最大探测距离也显著增加。

此外，"秋月"级驱逐舰的指挥控制系统也进行了全面的升级，采用了ATECS先进技术作战指挥系统。这套系统包括了一部相控阵雷达、高速数据处理系统和舰载作战系统，能接受并处理来自各种武器系统的信息，协同实施防空、反舰、反潜及电子战。"秋月"级驱逐舰还装备了日本海上自卫队舰艇常装备的海上作战部队系统（MOF），可与海上自卫队其他舰艇协同作战。

分析指出，日本建造"秋月"级驱逐舰最直接的目的虽然是为了替换即将退役的旧舰，但根本目的则是进行新一轮的编制调整并迎合新的作战需求。通过"秋月"舰的服役，将进一步加强编队的防空和反潜作战能力，进一步提升"八八舰队"的综合作战能力，适应高强度的反潜作战需求，提升在没有岸基飞机掩护的情况下，进行远洋作战的能力。

根据日本海上自卫队最新的编制，一个"八八舰队"中的8艘舰艇可以编为两个作战模块：一个是以直升机驱逐舰为核心，配1艘防空型驱逐舰和2艘通用型驱逐舰组成反潜编队；另外一个则是以1艘具备弹道导弹防御能力的"金刚"级驱逐舰为核心，配2～3艘通用型驱逐舰组成弹道导弹防御编队。但日方认为，目前弹道导弹防御编队作战能力还有所欠缺。这是因为"金刚"级在进行弹道导弹防御时，防空的效率会大大降低。此时，如果对方发起高强度的海空突击，"八八舰队"将不堪一击。在这种情况下，日本借助"秋月"级驱逐舰提供了友舰防空能力，将有效弥补"八八舰队"的防空能力。

　　需要注意的是，日本所认为的潜在对手无外乎中、朝两国。朝鲜虽然也拥有弹道导弹攻击能力，但贫弱的海空军实力使得日本显然无需过多地顾虑其海空威胁。由此而言，日本如此迅速地列装"秋月"级驱逐舰，其目的已不言自明，即针对中国。

PART *2*

日本陆上自卫队

日本陆上自卫队是日本自卫队的陆上军事部队，主要负责地面作战、地面防空和近空支援作战。日本陆上自卫队拥有日本陆、海、空三军中规模最大的兵力，编制有180000军职。

　　日本陆上自卫队下辖5个军区司令部和1个装甲师、12个步兵师、5个A型师（9000人）、7个B型师（7000人）、2个合成旅（一个装甲旅和一个直升机旅）、1个炮兵旅、1个空降旅、2个防空旅、4个教练旅、5个工程兵旅、1个航空旅、5个反坦克直升机中队。

　　日本陆上自卫队一直致力于打造高机动、立体式的作战能力，不仅拥有机动能力和综合作战能力很强的陆上装甲武器比如10式坦克，在空中也有很多综合作战能力特别是对地攻击能力很强的攻击直升机。虽然受战后《和平宪法》的限制，日本陆上自卫队被禁止使用弹道导弹、巡航导弹等侵略性武器，不过目前日本拥有的各式导弹仍然具有很强的攻击性能。

　　目前日本陆上自卫队正在提升兵力投送和机动作战能力，加强岛屿攻防作战、小规模作战的核心能力建设。

03式中程地空导弹强化日本防空网

【消息来源】 据日本FC2网站报道，2012年10月8日在位于千叶县的松户基地举办了基地创立60周年纪念活动。在此次纪念活动上，自卫队一种神秘的新型导弹意外地亮相。这就是日本自主研发的新型中程地空导弹——03式中程地空导弹，简称SAM-4，通称"中SAM"。

该新型导弹主要由日本三菱电子公司制造，用于防御飞机、空对地导弹和巡航导弹。

这个耗资12.9亿美元的导弹计划，设计阶段于2002年完成。新导弹在打击方面更为有效，用途也更加广泛。其射程可达50千米，可直接命中目标，一个发射器能发射10枚该型导弹，抵挡多方面的威胁。该导弹系统主要用来替换已服役多年的美国"霍克"防空导弹，并与"爱国者"导弹、81式近程防空导弹系统、"凯科"91和"凯科"93一同组成日本的陆基防空反导网。

"霍克"防空导弹系统曾经过数次改良，多年来承担了西侧诸国的防空反导任务。然而由于其已经没有更多的上升空间，1996年起意大利开始独自研发MEADS防空导弹系统，随后又吸引了美国和德国的参与。当时日本也接到了共同研发该系统的邀请，但受"武器出口三原则"限制未能参与。

日本自卫队在陆基防空领域见解独到，认为必须建立严密的中、近程防空体系才能确保在纵深狭窄的日本本土作战时活动自由。当时日本的长、中、短距离防空反导网分别由"爱国者"远程地空导弹、"霍克"中程地空导弹和陆上自卫队81式短程地空导弹组成。为弥补已经装备三十余年的"霍克"被替换后留下的防空漏洞，日本决定独自开发一款新型中距离地空导弹。

开发计划虽然自1983年就被提到了防卫厅的议事日程上，但直到1995年才做出自主研发的决定，并于1996年正式开始相关研究。该项目由日本防卫厅技术研究本部和日本三菱电气公司合作，三菱电气公司为主要承包商。2001年在美国新墨西哥州白沙导弹靶场进行了首次实弹试验，2002年完成作战适用性试验，2003年起制式化并初始生产。整个开发过程耗资约1000亿日元。

03式中程地空导弹全长4.90米，直径0.32米，总重570千克，弹头重量73千克。系统由对空作战指挥装置、发射装置、雷达装置、火控装置、无线通讯装置和运输装填装置组成，使用单级固体火箭发动机，由主动雷达和成像双模自导引系统进行引导，射程在50千米以上。

人 03式中程地空导弹强化日本防空网

制式化之后，03式中程地空导弹被配备于陆上自卫队方面队属下的各高射特科群。每个高射特科群由4个高射中队组成，每个群的该武器系统构筑费用约为470亿日元，成本比同等"爱国者"P–Ⅱ型导弹少大约400亿日元。截至2010年，03式中程地空导弹已经装配14个高射中队，总购买费用达到5600亿日元。

然而进入21世纪之后，随着日本财政恶化及国防预算的大幅削减，03式中程地空导弹的配备工作进展缓慢。除了战略地位极为重要的东京都、兵库县和冲绳县三地以外，其余地方的高射中队仍然使用"霍克"中程地空导弹。据一位前自卫队内部人士称，目前两者的使用数量几乎是一半一半。

为此，日本自2009年开始了对03式中程地空导弹的改良型研发，以期能压缩生产成本，更有效地对付敌高空巡航导弹和空地导弹，以及连接对空作战指挥装置和对空作战指挥系统，进而实现与航空自卫队自动警戒管制系统（JADGE）的数据传输，提高作战能力。预计新改良型导弹系统将于2016年实现装备化。

特点一：03式中程地空导弹的攻击能力强。该系统在设计之初被定位于主要对付作战飞机，兼顾反战术弹道导弹、空地导弹和巡航导弹。因此，该系统也可用于低空反导作战。值得一提的是，该系统采用垂直发射方式，可以全方向攻击目标，并具有同时打击多个目标的能力。由于采用了预编程导航系统、先进的指挥链和主动雷达自导引系统导弹可实现对目标的精确打击。每套系统可被看作是一个独立的防空群，能同时拥有4～5个火力单位。每个单位又包括4辆发射车，每辆发射车上装有六联装发射系统。攻击能力极其强大。

特点二：03式中程地空导弹运用灵活。目前掌握的数据显示，该系统射程可按需求在25～50千米之间调整，最大拦截高度为10千米，最大飞行速度2.5马赫。超视距作战能力让其在多山的日本本土部署起来灵活多样。该系统还采用了先进的复合制导体制，具有良好的抗光电干扰能力。据分析表明，03式中程地空导弹吸收了81式近程防空导弹系统和"凯科"91防空导弹系统的主动雷达和成像双模自导引系统。雷达和成像系统技术的结合可让导弹紧追来袭目标，使对方干扰和逃脱追踪的几率大大降低。另外，该系统能够在恶劣的天气条件下作战，对拦截携带诱饵的弹道导弹非常有利。

有日本媒体称，03式中程地空导弹可以与"爱国者"导弹相媲美，且在全方位多目标攻击的性能上优于"爱国者"，是目前世界上最先进的防空武器之一。

日本准备研发战斗机器人"高达"

【消息来源】 日本《军事研究》月刊2013年2月号报道,在日本防卫省技术研究本部举行的防卫技术论坛中,展示了日本在军事领域技术研究的成果。在先进单兵装备的展区,研究者展示的题目是"为了造出机动战士高达(日本动漫作品中的一种战斗机器人)"。战斗机器人的特点是拥有强大的火力、防护和机动力,并能够通过无线通信共享各种信息,以更有效率地作战。

《机动战士高达》是一部在日本经久不衰的经典系列科幻动画片。该片从1979年公映以来,在日本拥有众多狂热的爱好者。动画中,"高达"有18米高,是一种大型的机器人作战系统。它拥有坚固的装甲,可以抵御来自敌人的强大火力,装备各式武器攻击敌人。驾驶员坐在操纵舱里控制"高达"行走、飞行和战斗,非常完美地实现了人机合一。

不过，日本的"高达迷"们估计要失望了。因为，在当日的展示中，"高达迷"们并没有看到印象中的作战机器人，而只是防卫省研发的单兵作战系统。防卫省技术研究本部相关人员介绍说，日本的单兵作战系统与美国陆军"陆地勇士"系统相似，目的是实现自卫队的信息化，提高单兵的作战能力、个人防护以及整体作战的指挥、控制和通信能力。总而言之，就是要实现日本自卫队"单兵武器"（每个士兵身上带的武器）装备的信息化。

应该看到，日本自卫队武器装备的信息化发展较早。借助日美军事同盟的帮助，日本获得了美军研发的C^4ISR系统。需要稍作解释的是：C^4ISR是指挥Command、控制Control、通信Communication、计算机Computer、情报Intelligence、监视Surveillance、侦察Reconnaissance7个英文单词的第一个字母的缩写。C^4ISR也可称为现代军事指挥系统的代表。

早期通过采购欧美生产的大型武器，日本在获得C^4ISR系统后不断消化吸收，并将其运用到自卫队的武器开发当中，实现了陆上自卫队作战部、参谋部以及前方一线主战坦克之间的信息传送，还帮助海上自卫队升级了舰艇指挥系统。日本自行研发的10式坦克，因为安装了先进的C^4ISR系统，使其成为一种世界"明星"级的坦克。

不过，"单兵武器"毕竟与大型作战车辆不同，因为每个士兵能够承担的重量是有限的。日本在研发"单兵武器"装备时，充分考虑了信息化、火力和单兵负重三方面的综合性能：

一、在信息化方面。如今虽然已经是21世纪，但步兵传递信息的主要手段基本上还是无线电通信、口令和手语。在地面战斗中，士兵掌握的周围信息十分有限，由于地形起伏变化，其视野范围有时只有几米远。为解决上述问题，日本防卫省已经推出其正在研究的第三代先进单兵装备系统

ACIESIII。该系统的重心在于信息化。简而言之就是使用无线网络,让单兵成为可以接入网络的终端之一,以便于信息共享。该系统在单兵装具上集成有中央处理器、电池、监视器、触摸操作板、无线终端,在头盔上集成有显示器、麦克风和夜视设备。

二、在火力方面。自火绳枪时代以来,步兵的主要装备就是步枪。但是,随着技术进步,每杀伤一名敌人所需发射的弹药数却在不断增加。在今天的实战中,很多时候步兵使用步枪时并不精确瞄准,只是在向对方"倾泻"子弹。为满足游击战、城市战等作战形式的需求,先进单兵装备的重点在于让士兵能够精确命中目标,以真正有效地压制对手。为此,ACIESIII型系统在步枪上装备了图像传感器,其中包括夜视系统、测距系统、摄像头和显示器等。在使用这种步枪时,士兵无需直接瞄准目标,而仅需通过摄像机就可以完成瞄准。

三、在解决负重方面。日本防卫省充分依靠民间科技力量,日本CYBERDYNE公司和筑波大学联合研制出了一种新型外骨骼机器人套装系统"HAL"。这种外骨骼可以"穿着"在人身上,帮助人承担重量,并提供辅助动力。目前,此类外骨骼系统在军事和医疗领域已经接近实用化。日本防卫省希望借助"HAL",让每一名自卫队士兵都能成为拥有强大火力、防护和机动力的战斗机器人"高达",从而打造21世纪的新型士兵。

▲ 日本准备研发战斗机器人"高达"

虽然日本的单兵作战系统看似很厉害，不过还是和日本人心目中根深蒂固的"高达"形象有着很大的差距。对于普通民众关心的"高达机动战士"，日本防卫省的人士表示，目前还没有相关生产计划。"不过，历史上不乏科幻小说、电影、漫画中的构想变为现实的实例。即使现在这套单兵作战系统还看不到理想'高达'的影子，但这套被称为'高达'的作战系统采用了很多当前最尖端的技术，或许会为将来研发真正的作战机器人打下基础。"

机器人在作战时拥有很多人类士兵无法比拟的优点，可以代替士兵深入敌阵侦察，在雷区扫雷排雷，拆除炸弹，对目标实施打击等。

目前，美国、英国、以色列等很多军事强国都在致力于创建适应未来战争的机器人军团。美国国防部甚至提出，将实现最终利用机器人代替士兵上战场，从而实现人员"零伤亡"的目标。据称，目前在伊拉克服役的美军机器人数量已经超过4000个。

日本被称为"机器人王国"，不少日本知名大公司都在从事机器人的研发和制造。日本每年都会举办各种形式的机器人大赛，虽然参赛的多是一些智能前台服务机器人、护理机器人、清洁机器人以及自动驾驶机器人等，但是只要技术成熟，这些机器人都可以很方便地转为军用机器人，并投入生产。或许，在不久的将来，最接近"高达"的机器战士将会在日本问世。

日本引进"黑鹰"配合"夺岛作战计划"

【消息来源】 美国《防务新闻》周刊2013年4月8日报道,日本
计划采购各种军用直升机,包括:"黑鹰"武装直升机、两架
CH-47JA"奇努克"运输直升机、一架扫雷和运输直升机,延长
两架SH-60J巡逻直升机的服役期限,并用10亿日元采购4架SH-
60K巡逻直升机,用于替代SH-60J。

综合各方面报道,日本此次决定采购美国"黑鹰"武装直升机及其他
直升机,主要是为日本防卫省制订的"夺岛作战计划"而准备的。按照日本
"夺岛作战计划",中日之间一旦围绕钓鱼岛发生突发事件,日本陆上自卫
队将随之紧急调集并机动展开。

日方称,一旦确认中国"武力攻占"钓鱼岛,负责钓鱼岛防御的陆上
自卫队"西部方面普通科连队"将搭乘西部方面队航空队的"黑鹰"武装直

升机UH-60JA，空降至离岛纵深以配合实施抢滩登陆。因此，日本引进"黑鹰"武装直升机UH-60JA，实际上就是为钓鱼岛可能发生的武装冲突而做的准备。

"黑鹰"直升机即UH-60通用直升机，是由美国西科斯基飞机公司在20世纪70年代为美国陆军设计生产的四旋翼双发动机中型通用直升机。UH-60"黑鹰"衍生出了许多型号和版本，彰显了其近乎完美的通用性，例如美国海军陆战队运输直升机"夜鹰"（Night Hawk），美国空军特种行动机"铺路鹰"（Pave Hawk），澳大利亚武装直升机"战斗鹰"（Battle Hawk），美国海军反潜/运输直升机"海鹰"（Sea Hawk）等。

除美国之外，还有二十多个国家和地区购买了UH-60，UH-60以其4500多架的生产量成为目前世界上生产数量最多的直升机之一，更证明了其设计的优异性。其中，出口至日本的"黑鹰"即被命名为UH-60JA。

作为UH-60"黑鹰"直升机这个大家族的成员，日本引进的UH-60JA拥有灵活的机动能力和多变的武器系统。该型号直升机配有红外热成像仪（FLIR）、多普勒天气雷达、GPS导航以及自动航行系统。其巡航距离可达约1295千米，几乎覆盖了日本所划定的防空识别区全域，作为一款陆上部队配置的直升机，这个续航能力足以令任何对手生畏。而且UH-60JA的总重仅为9吨，可以轻松降落在海上自卫队的舰载直升机护卫舰或运输舰上。

在1995~2003年的国防年度预算中，日本陆上自卫队本来计划要购买39架UH-60JA"黑鹰"直升机，然而截至2013年，仅有34架配备使用。由于UH-60JA价格昂贵，每架高达37亿日元，原本用其完全代替旧版UH-1J运输机的计划也不得不做出调整，变成两种机型同时使用。

人 日本引进的"黑鹰"直升机

　　据了解，虽然"黑鹰"直升机家族以火力强劲的多面手著称，但日本版的UH-60JA这个小弟弟却有些丢了家族的脸面。由于预算原因，原本计划搭载的"海尔法"反坦克导弹、M56布雷舱和火箭弹发射器等，最终都没有了下文。目前UH-60JA所具备的战斗打击能力，仅限于一台机载5.56毫米机枪，或占用运输空间搭载一挺12.7毫米口径的M2重机枪。因此这只日本陆上自卫队的"黑鹰"，充其量是失去了利爪的"蹩脚鹰"。

　　但是，并不能因此轻视UH-60JA在纵深突击和战斗支援上所起的作用。它具有的多种特点，足以使其成为插入敌人心脏的一柄利剑。

　　一、UH-60JA"黑鹰"直升机可在多种战斗条件下执行突击运输任务，不需任何改装就可执行伤员疏散、侦察、指挥及兵员补给等任务。在陆上自卫队的一次演习中，一个小队奉命前往救援失陷在"敌占区"的友军飞行员，这一任务最低只需两架UH-60JA配合即可完成。未来如果日本防卫省投入预算对UH-60JA进行武器系统改装，那么它可装备空空、空地导弹和火箭弹等武器。直升机的外部可以吊挂火炮、车辆等装备，无论在运输或配合其他部队作战方面都将更加实用。

二、UH-60JA"黑鹰"直升机采用了多种新技术。主桨毂用钛合金锻造而成，采用层压弹性轴承，不需润滑和密封装置，而且部件比普通的减少了约40%，维修保养工作量减少了60%；两台T700-GE-700发动机，单台最大连续功率1300轴马力，采用单元体结构，维修保养比较简单。单桨设计也使该型号直升机的操作性能优于CH-47JA。

三、UH-60JA"黑鹰"直升机的生存能力较强。最大可防7.62毫米子弹，被少量23毫米炮弹击中后也能继续飞行约30分钟。其机体结构强度大，抗坠毁性能好，在以每秒12.5米的速度垂直下落时，能保护乘员不受伤，机舱容积还可保存约80%。

据介绍，目前除了日本陆上自卫队配备UH-60JA"黑鹰"直升机之外，航空自卫队也配备了约47架UH-60J用于海上搜救。但是如果只是承担救援任务的话，47架这个数量未免太多了。"黑鹰"直升机的多功能用途，将来很可能成为海上自卫队一支潜在的打击力量。因为在反潜作战方面，直升机将是必不可少的装备。

关于"黑鹰"直升机，有一个故事需要补充，那就是在1993年10月3日美国在索马里的军事干预行动中，两架"黑鹰"在一次拙劣的突袭中被击落，索马里民兵拖着一名被击毙美军的尸体游街，这一悲惨的事件后来被拍成《黑鹰坠落》的电影。该电影因为其激烈、残酷、真实的战争场面以及娴熟、高超的剪辑技巧而被世界广大影迷所喜爱，"黑鹰"的名字也由此被更多的人所熟知。而日本版的"黑鹰"武装直升机UH-60JA，将来在中日钓鱼岛之争中将扮演何种角色？让我们拭目以待。

日本10式坦克叫板中国99式坦克

【消息来源】《产经新闻》报道，2013年4月27日，日本首相安倍晋三出席日本"NICONICO动画"网站举行的"NICONICO超会议"活动。活动中，安倍不断高喊有关领土问题的激烈口号，并身着迷彩服登上日本10式新型主战坦克。就在安倍晋三出席活动的前两天，俄罗斯媒体报道，日本目前已经列装了39辆10式新型主战坦克，同时转载日本坦克专家福田真央的话说："中国的99式坦克绝对不是日本10式坦克的对手。可以毫不夸张地说，一辆10式可以摧毁3辆99式！"

说起来，在拥有10式坦克之前，日本最先进的坦克是90式坦克。它是20世纪80年代，日本为了防备苏联坦克集群从北海道登陆而研制出的侧重防御、忽略战略机动能力的坦克，也体现出当时日本奉行的"专守防卫"的军事方针。日本研制的这种第三代主战坦克，综合性能在1997年世界坦克排行榜上名列榜首。在1998~2004年期间，该坦克也均居世界前三名。

现在看起来，90式坦克尺寸较大，重达50吨，无法在日本全境实施机动。随着时间的推移，90式坦克的缺陷也开始不断暴露，例如：锯齿式钢制履带抓地能力较弱，经常出现横向打滑现象。此外，发动机过热，自动装弹机可靠性差，战略机动性差等缺陷也一直受到诟病。

冷战结束以后，日本调整军事战略。在威胁的判断上，陆上自卫队强调游击队、特种部队和恐怖分子等新型威胁；在军事行动上，积极寻机用兵海外。他们感到90式坦克已经不适合机动作战，而适合机动作战的74式坦克服役时间基本都超过了20年，因此，10式坦克在这种背景下被研制出来。2002年制造出第一台原型车，2008年2月13日正式公开，2012年1月开始正式服役于陆上自卫队。

10式坦克车体长7.5米，宽3.24米，高2.3米，标准型战斗全重44吨，乘员3人。作为在第三代主战坦克和第四代主战坦克之间发展的型号（又称"第三代半坦克"），10式坦克在机动性、攻击性和防护力方面自然有其独到之处。

一、机动性能。10式坦克采用了新型4冲程8缸水冷柴油发动机，功率1200马力，最高行驶速度可达70千米/小时。新型发动机采用了不少陶瓷材料，具有功率大、附件少、体积小、结构紧凑等优点，可实现坦克在起伏地形上高速行驶。10式坦克的全重比其他国家的主战坦克轻了8～15吨，这个重量使之能够通过日本国内的绝大多数桥梁洞涵，还可以凭借日本现役坦克牵引车的运输四处机动，因而可以在日本各岛部署。

二、火力配置。10式坦克的炮塔上装备有一门120毫米口径滑膛炮、一挺M2HB型12.7毫米口径机枪和一挺74式7.62毫米口径轻机枪。炮塔上还装备有车长用独立观瞄塔，这种装备可直接捕获敌方目标，并在炮塔内的显示屏上呈现，炮手只需要轻轻点击控制面板即可向目标开火。此外，该坦克还具备 C^4I（指挥、控制、通讯、电脑和情报一体化）能力，可融入日本陆上自卫队的指挥网络，同其他坦克及其他单位分享战场情报。

三、防护性能。10式坦克的主装甲采用了陶瓷—钢复合装甲，陶瓷装甲采用了纳米陶瓷技术，重量减轻但防护能力却有所提升。通过使用陶瓷—钢复合装甲，10式坦克炮塔的正面总体防护水平略高于90式坦克或与其相当。10式坦克炮塔和车体外形采用了避弹效果更好的倾斜装甲，这也与90式坦克方方正正的炮塔形成了鲜明的对比。

人 日本10式坦克

近年来，在新防卫大纲的指导下，同时结合钓鱼岛局势，日本开始进行兵力整建。对于陆上自卫队，主要反映在装备调整上：大幅削减坦克、火炮、重型反坦克导弹等重型武器装备，增加AH-64D武装直升机、新型坦克等新武器。按照新防卫大纲的要求，陆上自卫队的坦克总数确定为大约400辆。目前，日本90式坦克共有341辆。有消息称，日本拟在2015年前，完成购买68辆10式坦克，并陆续对90式坦克进行全面更换；在编制上，陆上自卫队实施部队改编，将部队区分为"快反部队"和"综合部队"。其中，快反部队直接部署在本州以南地区，强调对各种状况的适应性和机动性，包括对钓鱼岛局势的快速反应；在防御重心上，由北海道转移至西南诸岛，并强调"对突发事态的立即反应"，即所谓的"动态防御"。随着这一系列政策、方针、战略的改变，10式坦克在其中所能扮演的角色也开始变得至关重要。

首先，10式坦克只有44吨，陆上机动时能够由运输74式坦克的73式大型半拖挂车运输，海运时可由日本大多数的两栖舰艇装载。战时如果借用美国的C-5、C-17战略运输机或者使用购自美国的"鱼鹰"运输机，还可以进行远程投送。无论是陆地、海洋还是空中，10式坦克都可以实现快速反应、机动部署，其战略机动性能不容小觑。

其次，对日本这个岛国来说，10式坦克弥补了90式机动能力差的不足，同时整体作战能力也获得了大幅增强。在日本陆上自卫队大批量装备10式坦克后，该坦克不但能够根据威胁程度在日本国内使用拖车或者自行机动部署，还可以通过现在批量建造的"大隅"级登陆舰，部署在外岛，从而实现其在钓鱼岛与中国99式坦克一较高低的愿望。

值得注意的是，2014年1月4日，日本政府消息人士透露，土耳其对日本陆上自卫队最新型10式坦克使用的三菱重工发动机技术十分感兴趣。作为日本首相安倍晋三推进的废除"禁止武器出口三原则"的一环，日本政府基本同意与土耳其联合研发新的坦克发动机。

日本OH-1将成"夺岛"战前沿侦察机

【消息来源】 据日本《读卖新闻》报道，为纪念日本陆上自卫队霞浦驻地（位于茨城县土浦市）成立60周年，2013年5月19日，驻地举办了"市民开放日"活动。"开放日"活动的主题为"感谢，面向未来"。活动当天，亮相的除了陆上自卫队90式坦克等多种战车，日本纯国产OH-1侦察直升机还向日本民众展示了它在蓝天上的英姿。

OH-1侦察直升机是日本川崎重工为日本陆上自卫队设计制造的轻型军用双发四旋翼观测/侦察直升机。OH-1没有任何固定武装，只在短翼的外侧挂架加装日本自制的双联装91式空空导弹用以自卫。日本防卫省将OH-1定义为"纯粹观测直升机，武装仅限于自卫，不包含攻击机能"，因此OH-1也成为全世界第一种只以空对空导弹为武装的军用直升机。

日本陆上自卫队从20世纪70年代末期开始装备美国休斯公司授权川崎重工生产的OH-6D轻型侦察直升机，由于其体型过小，缺乏专业而有效的观测装备，从1985年起，日本防卫厅开始构思自主开发新一代轻型武装侦察直升机。

日本防卫厅在1991年编列平成四年度（1992年）预算时，正式纳入"新小型观测直升机"的研发项目，代号为OH-X。1997年，防卫厅正式编列首批三架量产型OH-1的预算，平均单价为19.24亿日元，超过最初预估的三倍。1999年下半年，第一阶段技术测试大致结束。2000年1月24日，防卫厅接收首批三架量产型OH-1，随即配属于明野航空学校本部作为飞行员教育训练之用，OH-1由初期测试阶段正式进入军方实际操作。

人 日本纯国产OH-1侦察直升机

世界上大部分国家陆军的观测/侦察直升机都是由轻型通用直升机搭配简单观测、通讯系统来兼任，且一并担负联络、运输甚至火力支援工作。像美国与日本等国家发展专业的侦察直升机已经属于罕见，专门以侦察任务的规格量身订做的专业直升机，就只有美国RAH-66、日本的OH-1以及俄罗斯喀山的Ansat-2RC（只有一架原型机）而已，三者都采用类似武装直升机的机体架构。综合各媒体报道，OH-1主要具有以下特点：

一、机体设计。OH-1机体很像是一架轻型的专业武装直升机，狭长的机身，左右两侧的发动机舱、纵列式双人座舱，机身两侧配有武器挂载短翼等布局都与西方典型武装直升机类似，其战斗重量只有3.5～4吨，接近西方最轻型的武装直升机。为了减轻重量并增强机体强度，OH-1广泛地使用复合材料，复合材料占机体重量的37%。

二、航电设计。OH-1拥有日本直升机中最先进的飞控系统，名为整合自动飞行控制系统。这是一种线传控制系统，飞行员操纵杆的位移先转换为电子讯号输入飞控电脑，飞控电脑再配合各感测器输入的飞行速率、机体姿态、各种大气资料等，依照电脑内储存的控制软件产生飞行控制指令，然后传递给液压制动装置驱动主/尾旋翼的倾斜盘，进行周期变距与总距等操作。

三、武器设计。由于OH-1在设计阶段定义为一架纯粹的侦察直升机，完全不担负攻击性任务，所以现阶段只在短翼的外侧挂架加装日本自制的双联装91式空对空导弹用以自卫，内侧挂架则只能携带235升副油箱来增加续航力，其余如机炮荚舱、火箭荚舱乃至于反坦克导弹等攻击性武器一应俱"缺"。此举除了考虑到任务特性之外，多少也是为了考虑政治敏感性而降低攻击能力。不过，以OH-1的构型，要增加对地攻击能力并不困难，主要的改装重点在于射控系统的整合以及承载能力的强化。由于OH-1短翼的内侧挂架平时挂载235升副油箱，估计这个挂载点至少有200～250千克的承载能力，足以携带M-261型19联装70毫米火箭发射器、四联装TOW反坦克导弹发射器或至少二联装的"地狱火"反坦克导弹发射器；而用来挂载重66千克的91式空对空导弹的外侧挂架，理论上也能加挂M-260型七联装70毫米火箭发射器或

7.62毫米机枪荚舱。因此，说OH-1并非进攻性武器也不是绝对的。

根据20世纪90年代初期的计划，日本陆上自卫队打算以一对一的方式用OH-1来替换OH-6D。当时陆上自卫队第一线部队中，13个师团各编有一个飞行队，每个飞行队各拥有8架OH-6D；而5个方面队则各自下辖一个方面航空队与一个反装甲直升机队，每个方面航空队与反装甲直升机队各编制4架OH-6D，因此光是前述第一线作战部队就需要144架观测直升机，再加上航空学校所属训练用机以及补充日后损耗的预备机，OH-1的总需求将达200架之多。

就如绝大多数日本自主研制的武器一样，OH-1也难逃单价飞涨的命运，即便是削减后的150架产量如今看起来也是艰难的任务。最初日本陆上自卫队希望将OH-1的单价控制在6亿日元以内，但OH-1的研发成本比预期超支了100亿日元以上，再加上日本陆上自卫队武器系统一贯的低量产速率政策，以及武器系统逐年的通货膨胀，所以OH-1的造价就变得非常惊人。目前，OH-1量产型的平均单价已达24.5亿日元，是最初预期的四倍，更是上一代的OH-6D的10倍以上，这就意味着一架OH-1的造价就比一整个飞行队的8架OH-6D还贵。

虽然OH-1在成本效益而言不是一个良好的例子，但是对日本国防工业的技术储备却做出了重大贡献：OH-1是日本第一种完全自主研发的直升机，使日本从无到有建立了完整的国产军用直升机平台——包括日本第一种自行开发的直升机用涡轮轴发动机，同时促使日本在无轴承复合材料旋翼领域中取得全球第一流的位置，堪称一项了不起的成就。而OH-1的整体技术也十分先进，主要系统与装备都是顶尖水准，性能在同级机种中堪称翘楚，不逊于欧美老牌航空大厂的代表性杰作。

拥有了OH-1的日本陆上自卫队，无疑将增强其情报收集与侦查能力，在中日钓鱼岛之争中，OH-1也将被打造成为"夺岛"战的前沿侦察机。

日本90式坦克异地求存彰显力量

【**消息来源**】日本共同社2013年7月8日报道，日本陆上自卫队在北海道大树町的滨大树训练场进行了90式坦克等的抢滩登陆训练。这是本州及九州部队移师北海道开展的"协同异地演习"的一部分。鉴于中国军事力量的增强，日本政府正力争加强岛屿防卫及自卫队的快速应对及运输能力。

90式坦克是日本陆上自卫队第三款主战坦克，也是国际标准的第三代坦克。90式坦克火炮威力大，装甲防御性强，既能打又能抗，被称为日本的"陆战之王"。2010年年底出台的日本《防卫计划大纲》遵循"机动防御力"宗旨，要求90式坦克开展各项训练，为在北海道以外地区执行任务打下基础。

90式坦克的主要用途被定位于防御前苏联装甲部队在北日本登陆，因此重点强调专守防卫性能，各项参数都追求当时最先进水平。该款坦克的车体和炮塔由三菱重工制造，120毫米滑膛炮则由日本制钢所担纲，在西方世界第三代主战坦克中首先采用自动装弹装置。车身装甲采用复合材料制成，正面防御力曾被誉为世界最高水准。

自1990年定型投产以来，到2009年为止该型坦克共生产341台，平均每台造价达8亿日元。日本陆上自卫队用90式坦克替代了全部61式坦克和部分74式坦克，仅配备于北海道北部方面队、富士教导团、第一机甲教育队和武器学校，而西南方面装甲部队仍采用第二代74式坦克，显示日本当时重视北部防御的国防主体思想。

90式坦克的研发工作始于1974年，就在第二代74式坦克制式化后不久。1977年，日本防卫厅技术研究本部开始了对新坦克部件的试制。1983年至1985年，三菱重工分两批生产了6辆样车，开始投入各种性能试验。之后经过约10个月的陆上自卫队实际操作演练，最终于1990年8月6日定型投产，故取名为90式坦克。该坦克的研制总经费约300亿日元。

90式坦克车体和炮塔的形状扁平且方正，轮廓和框架与德国的"豹2A4"主战坦克有些相似，但整体要小一些，尤其炮塔部分更小。坦克下部的承重轮也比"豹2A4"少一个。90式坦克车体长7.55米，含炮塔总长9.80米，宽3.40米，高2.30米，总重量50.2吨，比"豹2"及其派生型号轻5~10吨。外形尺寸小和低车姿结构是90式坦克的主要外部特征，在使用自动填弹装置后，乘员数也减少至3人，节约了车内空间。

90式坦克武器系统非常先进且主炮火力强大。它装配了德国莱茵公司研发的120毫米滑膛炮，由日本制钢所获得特许生产。炮管为44倍口径，外装热护套，中间有抽烟器，前端左侧装置炮口基准仪。滑膛炮对弹丸产生的阻力小，滑膛炮身的压力也比线膛炮小，炮身可以采取薄壁型，从而实现火炮身管轻量化。火炮所用炮弹主要是钨合金尾翼稳定脱壳穿甲弹和多用途空心装药破甲弹两种。其中钨合金穿甲弹长884毫米，重19千克，在两千米射程内能穿透700毫米厚钢装甲。

人 日本90式坦克

按照日本目前的国防方针来看，其重点防御对象已经从北部的俄罗斯转为西南部的中国，未来更有可能在全球范围内开展军事行动。90式坦克昂贵而笨重的"身体"无法适应这一变化，被新型10式坦克最终取而代之已是大势所趋。但是，90式坦克强悍的战斗性能仍为自己在世界主战坦克中争得一席之地。

一、90式坦克的火力十足，移动中的自动瞄准能力尤其突出。该款坦克装配德国莱茵金属公司的120毫米滑膛炮，也是西方多国第三代主战坦克的标准配置。该火炮的炮管长是口径的44倍，装有热护套、抽气装置、炮口校正装置和反后坐装置，射速为每分钟10~11发。该坦克的火控系统基于74式坦克发展而成，采用类似M1和"豹2"坦克火控系统的指挥仪式控制方式，可进行超越射击。升级后的弹道计算机、激光测距仪、热成像被动夜视瞄准镜和稳定系统等，加强了90式坦克的射击稳定性。因此，该火控系统可以从静止或行进的坦克中射击固定目标或运动目标，并且首发命中率和反应时间都比74式坦克系统好。

二、90式坦克的车体和炮塔前部采用独特的陶瓷复合装甲技术。由冷轧含钛高强度钢的双层结构组成，中间使用了包有芳纶纤维的蜂窝状陶瓷夹层，并在内侧罩有轻金属。两侧裙板各由7块均质钢板组成，厚约10毫米，可产生与夹层装甲相同的效果。裙板可以单独向上折叠起来，便于履带等运动部分的维修。在装甲耐弹试验中，90式坦克的正面装甲经受44倍口径120毫米滑膛炮发射尾翼稳定脱壳穿甲弹（APFSDS）打击时"取得了良好的结果"（日本自卫队公示发表），预计比M1A1拥有更高的防御能力。90式坦克的侧面装甲则能承受35毫米碎甲弹的攻击。

三、90式坦克的机动性优于西方多国同等坦克。虽然该型坦克重达50.2吨，海上自卫队中一般的运输及登陆舰无法负荷，但与西方其他国家的同等主战坦克相比，90式坦克还要轻上10吨左右，属于灵活轻巧的"小个子"选手。在研发阶段，90式坦克就追求对北海道地型的"最适化"，虽使其在其他地域的陆路移动受到限制，然而其在全国主要国道、干道都可以通过大型卡车牵引进行战略转移。此外日本防卫省还与多家民间船舶公司达成协议，必要时出动民间船只协助自卫队运输舰转移90式坦克，使其在西南防卫、岛屿作战中也能起到至关重要的作用。

尽管90式坦克没有经受过实战检验，且有很多技术信息尚未公开，但在世界范围内仍被公认为第三代坦克中的佼佼者。美国一本军事杂志中曾援引美政府官员的发言称：90式坦克拥有高精度目标识别及自动瞄准能力。在2004年Forecast International（巴奥米特）公司的世界主战坦克评选中，90式坦克也力压群雄跻身前三位。

日本要用12式导弹封锁宫古海峡

【消息来源】据日本日经经济网站2013年8月28日报道，日本陆上自卫队8月25日在位于静冈县御殿场市的东富士演习场，举行了2013年度富士综合火力演习的正式演习。在当日举行的演习中，日本陆上自卫队首次披露了新开发的12式陆基反舰导弹。

日本富士综合火力演习始于1961年，是日本陆上自卫队的例行演习，也是日本国内举行的最大规模实兵实弹射击演习，按照惯例每年8月举行。

自2012年度的演习开始，综合火力演习的内容开始增加"岛屿防卫"内容。即假定敌方攻击离岛岛屿，陆、海、空自卫队三位一体实施夺回配合训练。日本陆上自卫队富士学校总务宣传班长永井利弘表示，2013年这次演习的突出特点是加强了攻击能力的演练。此外，25日的演习中，会场的电视屏幕还播放了日美军演中关于岛屿上陆训练的实况录像。分析认为，日本政府已将加强"岛屿防卫"写入日本《防卫计划大纲》的中期报告中，在富士综合火力演习中加入该内容，也是为突出此意。

日本总是强调"军事透明度"，但是，在自卫队的武器装备发展上，向来是遮遮掩掩的。在此次演习中披露的12式陆基反舰导弹，日本方面并没有披露它的详细技术细节。不过，综合各媒体的相关报道，12式陆基反舰导弹虽然"犹抱琵琶半遮面"，但也仍可从中略窥一二。

据了解，这种新型反舰导弹由日本陆上自卫队研究本部设计，三菱重工负责制造，属于纯"日本造"。它的直径大约0.35米，全长大约5米，重量大约700千克，射程是"一百数十千米"，安装在卡车上，采用了与03式中程陆基反舰导弹相同的三菱8×8卡车底盘，其性能与现役88式陆基反舰导弹相比得到了较大提升。主要体现在：

一、攻击更灵活。12式陆基反舰导弹配备有地形匹配系统，可以在内陆发射，然后出海攻击目标，生存能力更强。为了充分发挥12式导弹的机动性能，载车也更换成了高机动卡车，以便能够快速部署。

二、攻击更高效。12式陆基反舰导弹配备有推力矢量装置，可以采用垂直发射系统，因此具备全向攻击能力，对于发射阵地的要求更小；中继制导系统添加了GPS系统，可以对反舰导弹的航线进行规划，设定航线转弯点，这样导弹就可以在近岸复杂地形条件的掩护下攻击目标，提高了攻击成功率。

三、指挥更精确。12式陆基反舰导弹提高了搜索雷达的精度、多目标探测能力、目标数据更新能力，具备更强的饱和攻击能力。12式导弹还采用了先进的地形匹配和目标识别技术，中段采用GPS制导，末端采用惯性导航和主动雷达制导，对目标的攻击精确度大大提升。

四、射程更远。与88式反舰导弹相比，12式陆基反舰导弹射程更远，射程超过88式100千米还多。因此，可以在宫古海峡上形成交叉火力，提高了日本陆上自卫队封锁宫古海峡的能力，同时它已经可以打击钓鱼岛以北海域的目标，对中国在钓鱼岛海域游弋的舰船威胁更大。

人 日本开发的12式陆基反舰导弹

从日本防卫省的网站上可以得知，12式反舰导弹的整个开发费用在135亿日元左右，目前已经处于小批量试生产阶段。2012财年制造出了2辆发射战车、24枚导弹，2013财年内制造出4辆发射战车、48枚导弹。日本防卫省希望其能够在2016财年服役，然后首先配备给陆上自卫队富士学校特科部和富士教导团特科教导队，供他们在教育训练中使用，然后再配备给陆上自卫队西部方面特科队驻熊本第5反舰导弹团，他们将成为日本配备12式陆基反舰导弹的第一支部队。尽管这种新型反舰导弹的部署进度会受到国防预算的影响，但最终将替代自卫队武库中所有的88式陆基反舰导弹，成为日本自卫队的"主力二炮"。

有分析指出，日本陆上自卫队在装备12式反舰导弹之后，对中国最大的威胁将是封锁宫古水道，继而对想要突破美日第一岛链封锁的中国海军舰船形成直接威胁。

宫古群岛及其周边岛屿不仅是中国进出太平洋的大门，也是别国进入中国近海的捷径。从地理位置上看，这些岛屿被台湾岛、冲绳岛所遮护，可以避开对方岸基目标探测系统的探测，也可以得到这两个地方防空反导系统的保护。如果在这些地方布置12式陆基反舰导弹，可以与这两地连成一线，攻可以直接打击中国舰船，守可以为在西太平洋的日本飞机、舰艇提供屏障。

2013年11月11日，日本防卫省统合幕僚监部在冲绳县的陆上自卫队那霸驻屯地，向媒体公开了地对舰导弹的训练消息。据称，日本陆、海、空三个自卫队正在九州和冲绳进行旨在强化岛屿防御的联合演习，地对舰导弹训练即是演习的内容之一。在此次联合演习中，冲绳本岛西南约300千米宫古岛上的航空自卫队基地首次部署了88式陆基反舰导弹。而在12式反舰导弹开始服役并逐步取代88式陆基反舰导弹之后，将会大大提升日本对宫古海峡的封锁能力。此外，宫古岛距离钓鱼岛直线距离只有160千米左右，比照88式陆基反舰导弹超过150千米的射程，在钓鱼岛海域活动的中国海军舰艇将直接处于射程更远的12式反舰导弹的威胁之下。

日本74式坦克依旧"廉颇未老"

【消息来源】 《产经新闻》2013年9月17日报道，日本陆上自
卫队与美国陆军9月17日在美国华盛顿州的亚基马训练中心举行
了实弹演习。日本陆上自卫队每年都要到美国本土进行例行演习
训练。不同的是，以往自卫队都是派出最先进的90式坦克出阵，
今年却只派出了老式的74式坦克。

　　74式坦克是日本陆上自卫队第二款主战坦克，由日本自主研发，以取代当
时的61式坦克。74式坦克的设计与生产皆由三菱重工集团完成，融合了当时的
最新技术，丝毫不逊色于当时日本的假想敌——前苏联的T-62坦克。在此基础之
上，日本自主研发的90式坦克、10式坦克都是陆上自卫队的可靠主战力量。
　　1962年前后，日本陆上自卫队开始全面配备90毫米主炮的61式坦克。然
而，当时前苏联的T-54、T-55主战坦克均为100毫米榴弹炮，并已经出现了装

备115毫米榴弹炮的T-62式坦克。在西方世界，各国主战坦克也开始装备105毫米主炮，所以日本的61式坦克从服役时起就已经"过时"了。这样，日本急忙于1964年开始研发主炮口径为105毫米的新式主战坦克74式。

1969年，第一批74式坦克样车ST-B1、ST-B2诞生。ST-B1安装英国L7A1火炮并采用自动装弹机，2辆样车都进行了广泛的技术与应用试验。在此基础上，到1971年时样车增加至6辆，为降低成本和提高可靠性而取消了自动装弹机。经过各项试验，样车被认为基本达到了战术性能要求，在略微进行改进后最终于1974年9月定型并量产，命名为74式坦克。1975年开始配备日本陆上自卫队。整个研发项目按照当时的币制共耗资25亿日元。

虽然以现在的眼光来看，日本74式坦克已经显得过时，不过其在许多方面仍然有"过人之处"：

一、74式坦克是世界上第一款车体能左右倾斜的坦克。74式坦克采用了多项当时先进的独立技术，其中最为突出的要数液气悬挂。受液气压控制车体可以达到前后±6°、左右±9°、上下20厘米的可动范围。这使得74式坦克成为世界上第一款车体能左右倾斜的坦克。这种设计不但拓宽了主炮仰角，也更适合在日本山峦起伏的地形中进行隐蔽和打击。此外采用液气悬挂也实现了独立悬挂，没有了车底的横轴，车身整体高度有了大幅下降。74式坦克的车身高度，是当时的西方各国主战坦克中最低的。

二、74式坦克的火炮和炮塔控制采用全电动系统。在第四次中东战争中发现，由于火炮和炮塔使用电液式控制系统，液压油容易着火，因此日本在设计74式坦克时吸取教训，改为全电动系统。该系统惯性小、灵活度高，缩小了炮塔系统的整体体积，提高了坦克的可靠性和生存能力。全电动系统使炮塔实现360°回转，所需时间仅15秒，并能同时进行火炮的俯仰射击，速度为每秒4°。该系统可采取电动或手动两套操纵装置，在必要时由车长或炮长其中一人控制。

三、74式坦克的攻击性能较为突出。74式坦克主炮选用英国国防部技术研究所研制的L7A1式105毫米线膛炮（中国资料显示为L7A3式）。日本在引进后从1978年开始在国内特许生产。为减小该炮的后坐力，将驻退机改为同心式，还改进了复进机。该炮采用立楔式炮闩，可自动开闩和闭闩。L7A1式线膛炮装有稳定装置，使坦克在运动中也可以进行瞄准和射击。有效射程根据炮弹种类不同最大可至3千米。在弹药方面，74式坦克最初选用根据英国技术投产的脱壳穿甲弹，目前使用的是本国产93式尾翼稳定脱壳穿甲弹。该炮弹初速为每秒1501米，在2千米距离内能穿透厚度为414毫米左右的钢板。这也说明该炮弹能从正面穿透几乎所有第二代坦克的护甲。副武装包括一挺12.7毫米的M2高平两用重机枪、与主炮同轴的74式7.62毫米机枪。74式机枪后来也被用于90式坦克和10式坦克。

四、74式坦克的防御性能略为逊色。在防御方面，74式坦克车体前面呈流线型，宽度窄高度低，前部装甲厚80毫米，两侧厚35毫米，后部厚40毫米。炮塔前部装甲厚130毫米，两侧厚75毫米，后部厚50毫米。车体下半部采用整体铸造，在防护性、强度和重量等方面有很多优点。该坦克具有三防能力，在通过污染地区时车内可以完全密封，同时也采用了高性能的空气滤毒罐。然而，与其他国家的第二代主战坦克均进行了装甲强化相比，74式坦克完全没有进行过这方面的改修，因此74式坦克在防御力上令人不敢放心。

自20世纪90年代起，日本防卫厅又开始对74式坦克进行现代化改装（74式坦克G型），主要是升级其火控系统，采用为下一代90式坦克研制时储备的最新技术，还升级了高技术化的电子计算系统，新红外线暗视装置，烟雾弹发射器以及雷达探测装置等。现代化改装后的74式坦克在外观上也发生了变化。新车型制造了1辆样车和4辆量产型后，由于冷战终结日本开始削减国防预算，74式坦克的改装工作因每辆1亿日元的高额费用被叫停。

1993年该新车型制式化之后，由于技术方面过于复杂，因此出现了配备于北海道后出现漏油等事故。当时在新车型运用和保养上基层部队着实费了一番辛苦。但到了现在这些问题已经被改善。

尽管目前日本已经先后推出了相较74式坦克更为先进的90式和10式坦克，不过目前74式坦克依然是日本陆上自卫队的主力坦克。据了解，一直到1989年停产，74式坦克总共被量产873辆。虽然它的液气压悬挂装置和高精度火控系统堪称当时第二代坦克中的佼佼者，但1975年几乎同时期，前苏联开始配备125毫米滑膛炮的T-72式坦克，坦克技术开始向第三代迈进。因此74式坦克不到十年又过了时。1999年起部分超过使用年限的该款坦克逐步退役，退役速度约为每年30辆。截至2013年3月，目前共有373辆74式坦克仍在日本陆上自卫队服役。最终造价约为每辆4亿日元。

人 日本74式坦克

作为已经逐渐迈向"老年"的日本74式坦克，究竟是廉颇老矣，还是老骥伏枥，其对中国的主战坦克胜率又有几何？也许，终其在日本自卫队服役的一生，也等不到这一较量的时候了。

13式战车悄然开启日本国防新时代

【消息来源】据日本时事通讯社2013年10月9日报道，日本防卫省当天公开了自行研发的新型轮式突击炮——13式机动战车样车。这是继公开10式坦克后，日本公开的又一重要装甲车辆。13式机动战车依靠机动性高且重量轻的特点，今后将成为日本离岛防御和核电站警备的主力战斗武器。日本防卫省计划通过2年的磨合试验，在2016年投入陆上自卫队使用。

13式机动战车的出现，不能单纯地看作是一项新武器的研发，其背景还有日本陆上自卫队整编成立的新机动部队——"水陆机动团"。在日本政府于2013年12月中旬敲定的2014版《防卫计划大纲》及《中期防卫力量整备计划》中，明确表示将在10年之内使陆上自卫队现有的741辆坦克削减至300辆，取而代之引入美军水陆两栖装甲车和13式高速机动战车以组成"水陆机动团"。防卫省此举显示出，日本的国防理念已经从冷战时期的本土防御，转向以中国、朝鲜为假想敌的离岛防御。而13式机动战车的出现，可以说是日本新国防时代开启的象征。

人 日本13式机动战车

自2004年版日本《防卫计划大纲》出台后，陆上自卫队就开始摸索新的机动战斗装甲车辆。为了对付可能入侵到岛屿上的特种部队，陆上自卫队认为日本需要一种在速度与力量之间取得平衡的装甲战车。"速度"包括便捷的空运能力和迅捷的地面反应；"力量"则要求具有消灭轻型坦克和装甲车的火力，以担任地面部队的前进掩护和突袭支援作战。然而，当时陆自装备的主战武器中，没有一款能够达到这一标准。而依靠驻日美军协同作战来弥补缺失又存在各种实际操作困难，"未来轮型战斗车"专案计划由此诞生。专案小组研究表明，所有外国车辆经过导入再修改的效率都比自制要差，所以该车的开发终于定案。

2007年起，日本防卫省投入26亿日元启动资金，由防卫省技术研究本部开始研发。2013年10月9日公布了第一辆样车，因此定名为13式机动战车，其日语全称为"机动战斗车"，由于日语中"战车"被翻译为中文的"坦克"，因此也有人将其误译为"13型机动坦克"。严格意义上讲该车型属于轮式突击炮，类似中国的09式轮式突击炮。

13式机动战车全长8.45米，宽2.98米，高2.87米，全车共有8个车轮，引擎马力达570匹，最高时速超过100千米，总重约26吨，配备有105毫米主炮和7.62毫米机关枪等武器。除了传感器等一些零部件外，基本上属于日本国产。日本有军事评论家认为，这辆新型机动战车与一般坦克相比，机动性极高，而且重量轻，可以搭乘日本航空自卫队的新型运输机C-2运送，将成为日本离岛防御和核电站警备的主力运动型武器。

综合各媒体报道，13式机动战车的特点主要体现在：

一、速度优势。13式机动战车的最大优势就在于它的"速度"。该型号为8轮车辆，一般而言轮型车辆在山地中移动性能低于履带车辆，特别是车轮直径小于地面凹凸直径时，车辆几乎无法越过。而且车轮的接地面积小、接地点压力高，又存在陷落等问题。但是，13型机动战车利用先进的技术弥补了这一缺陷。研发人员特别注重车体动摇抑制技术和振动抑制技术，以最大化增加公路以外道路的机动性为首要目标。最终选择轮式设计使车体总重得到控制，全车仅26吨，最高时速达每小时百千米以上，可以被研发中的新型运输机C-2运抵战场。轮式设计也使开发成本和维修费得到了有效控制，并延长了其服役年限。

二、技术优势。13式机动战车采用多项可与其他机械化武器共用的技术，大大降低了研发和制作成本，并且在运用上增加了可靠度。轮式战车接地面积较小，稳定性不如履带式坦克。但是为了维持高攻击力，13式机动战车依然采用105毫米以上的主炮，而且可以和74式坦克共用炮弹，包括93式APFSDS高性能弹药。火控系统则大量采用三菱重工开发中的新坦克（TK-X）技术，使武器系统先进性比74式坦克更高。在防御方面，13式机动战车的装甲正面可抵挡20毫米机炮，侧面可抵挡12.7毫米重机枪直接射击。这与意大利陆军B1半人马装甲车处于相同水平。不过，13式机动战车在应用构想上却明显区别于几款欧美同等战车，它的性质更趋向于"反坦克自行火炮"。只是在如此轻量的车身上使用较重型的火炮，如何保持射击的稳定性仍然是一大课题。

几乎可以肯定地说，日本所谓的"离岛防御"指向目标就是中、朝等国，又以中国的可能性最大。13式机动战车的长处是机动性强，可快速部署和适应地形，但为此付出的代价是火力稍显薄弱与防护欠缺。在事态初期进行快速反应是它的强项，然而一旦暴露在敌军的全面火力攻击之下，则几乎无法构成有效的反击威胁。

因此也有观点认为，日本研制此车的真正目的是配合美军的行动。日本不断寻求突破所谓的"集体自卫权"，首先就是和美军配合作战。在最近几年的局部战争中，美军都会动用大量轮式装甲车辆维护其军事占领，特别是在城镇中进行巷战。如果日本自卫队也想随美国到"地球另一端"去作战，那么13型机动战车无疑是首选武器之一。无论其真正目的为何，这款战车仍是日本国防开启新时代的标志。

日本启用88式远程导弹演练"封喉"

【消息来源】 《产经新闻》2013年11月6日报道，日本陆上自卫队88式地对舰导弹6日早上运抵冲绳县宫古岛。报道认为，由于附近的宫古海峡是中国海军舰队出入太平洋的必经之地，因此日本此举具有很强的针对性。

据报道，在宫古岛部署88式地对舰导弹，并实施射击演练，是日本自卫队从2013年11月1日开始实施的大规模三军联合演习的一项重要内容，也是宫古岛第一次部署导弹。

据了解，该组移动式导弹隶属于陆上自卫队第3地对舰导弹部队，该部队驻守在北海道富良野町。11月1日，88式地对舰导弹和50人的自卫队员从北海道苫小牧港租用民间高速搬运船出发，于6日抵达石垣岛。上午，导弹已经搬入位于宫古岛的陆上自卫队基地。6日下午，日本陆上自卫队的一个导弹通讯侦察部队也将登上距离钓鱼岛150千米的石垣岛，与88式地对舰导弹部队实施互动演练。

日本的88式地对舰导弹长5米，直径0.35米，射程为150～200千米，由日本三菱重工集团制造，是日本自卫队目前的主力型地对舰导弹，代号SSM-1。因其外观与美国海军"鱼叉"反舰导弹相似，故也被称为"扶桑鱼叉"。该导弹由一枚固体助推火箭发射，发射后用涡轮喷气发动机进行远程巡航。SSM-1导弹重660千克，能够携带225千克的高爆弹头，飞行速度达到每小时1150千米。

日本四面环海，为防御外敌从海上对其本土实施打击，自20世纪70年代起就开始了对舰导弹的研究。1980年，航空自卫队装配80式空对舰导弹（代号ASM-1），初步具备了对舰打击能力。1979年起，陆上自卫队技术研究本部以ASM-1为基础，开始了地对舰导弹的研究，用于陆上自卫队对敌舰进行打击。1988年正式编制采用，被命名为88式地对舰导弹，代号SSM-1。整个开发过程耗资205亿日元，导弹单体造价约为2亿日元。

通常的地对舰导弹阵地被设置于沿海地区，但对于国土纵深小的日本而言，隐藏导弹发射阵地非常困难。为加强SSM-1的隐蔽性，研究人员不但将其设计成车载型导弹，还通过先进的雷达电子系统使其拥有超视距反舰交战能力。由于当时正处于冷战时期，美国政府在得知日本进行SSM-1研发后，严令日方封锁消息，并在试验后回收所有的相关零部件。

与它的前身ASM-1相比，SSM-1不仅为在陆地纵深处发射进行了改良，还在动力推动、动态制导以及电子反对抗等方面的性能上有了极大提升。在SSM-1的基础之上，日本还进一步改良研发出90式舰对舰导弹、91式空对舰导弹以及12式地对舰导弹等各个版本。综合各方面资讯，88式地对舰导弹主要有以下特点：

一、导弹飞行能力强。SSM-1导弹主体由前方的传感部、诱导部、弹头部到中间的燃料舱和后部的引擎部分组成。导弹中后部加装4片可折叠收缩的弹翼，尾部也有4片操舵翼，这大大加强了导弹的飞行稳定性，从而延伸了射程距离。该导弹由一枚固体助推火箭发射，发射后用涡轮喷气发动机进行远程巡航。据报道，该发动机是三菱公司TJM3涡轮喷气发动机的改进型，重45千克，可产生200千克的静推力。助推器在导弹初期加速完成后会自动分离。

二、系统机动能力强。SSM-1导弹系统由指挥控制台、雷达、射击管制台、备弹装填装置搭载车组成。由于它可以搭载在74式特大型卡车上发射，因此机动性能很强，系统各部分也可随任务规模需要而自由组合。截至2011年5月，日本已经拥有5个地对舰导弹联队，其中又各包括4个射击中队。联队本部设有雷达和指挥控制台，而各中队则配有射击管制台，以及六联发射器自行载车与备弹装填装置搭载车各4辆，形成一定规模的打击能力。

三、反舰作战能力强。一段时期内，在自卫队配备的全部对舰导弹中，仅有SSM-1具有超视距反舰交战能力。雷达将探测到的目标信息传回指挥控制台，再由指挥控制台计算后，向发射器传递发射命令。SSM-1导弹的射程超过150千米，由一枚固体助推火箭发射，初期加速完成后使用涡轮喷气发动机进行远程巡航。这使得日本在内陆地区配备对舰导弹部队成为可能，大大降低了导弹发射装置被敌方发现的几率。目前，设在自卫队上富良野基地内的对舰导弹部队就是明显的例子。然而，SSM-1也因此被部分人批评为具有巡航导弹的特性。

四、抗干扰能力强。SSM-1配有高度灵敏的导引头，抗干扰目标搜索能力极强。SSM-1导引头具有高性能的电子反对抗措施，能自动追踪敌方的电子干扰台，或通过分析真伪目标位置关系判断出真正的打击目标。据传SSM-1还选用可以吸收电磁波的特殊涂料，增强了自身的隐形性能。在美国加利福尼亚州海军导弹射击场进行的演练中，SSM-1保持着强力电子干扰下的全中记录，美国军方对此也大加赞扬。

而对于此次日本军演中首次部署SSM-1，从日本军方透露的信息中，总是可以嗅出些许的"醉翁之意"。有分析认为，此次日本军演的作战设想有两个：海上封锁和登陆夺岛。显然，中国海军是日方的假想敌。就在此前不久，中国海军三大舰队刚刚结束在西太平洋的"机动-5号"联合军演，受到日舰机的抵近侦察"关照"。

人 日本启用远程88式导弹

日本首相安倍晋三对此已经公开表示，中国海军进入西太平洋"灰色地带"，让东京感到威胁。可见，对中国海军实行封锁作战，应是日本海军未来最可能的作战样式之一。宫古岛位于日本"西南诸岛"的战略要冲，扼中国海军进出西太平洋的"咽喉"。88式地对舰导弹射程为150～200千米，是日本自卫队的主力型地对舰导弹，投射半径可覆盖宫古海峡所在的整个区域，日方在军演中部署它的战略意图已经不言自明。

日本设立"网军"应对"黑客攻击"

【消息来源】 日本《东京新闻》2013年12月22日报道：由于对日本官方机构发动的网络攻击日渐增多，日本防卫省将于2014年3月成立一支"网络空间防卫队"，搜集有关网络攻击的最新信息，分析计算机病毒入侵途径，模拟遭网络攻击后的防御及追踪战术，并组织相关演习。

此前，在2013年12月17日内阁会议上决定的《中期防卫力量整备计划》中，日本已经就网络攻击的对策明确表态，称将"把保有阻止对方利用网络空间的能力纳入视野"。为此，日本防卫省正在研究具体方案。作为反击方法，可以搜索到攻击的来源，并在短时间内大量发送数据，令对方服务器瘫痪。

而在更早的2013年5月21日，日本政府召开的情报安全政策会议中，已经初步拟定了加强网络攻击对策的"网络安全战略"草案。草案将网络空间防卫列为重点课题，指出这是与陆、海、空同等重要的自卫队"活动领域"，建议加强自卫队应对"窃取"国家机密等情报的国家级网络攻击能力。

草案中提到，应争取在2015年将内阁官房情报安全中心改组为网络安全中心，提高情报分析设备功能，培养具有专业知识的高端人才。日本首相安倍晋三还在当天的会议上表示：无论是基于安全保障和危机管理的角度，还是从维持国民生活稳定和经济发展的角度，都需要迅速应对网络攻击，争取构筑世界最高水平的安全网络空间。

当前，日本的网络普及率极高。据日本总务省的统计显示，截至2013年9月，日本接入互联网的手机和PHS（个人手持式电话系统，也称无线市话，中国俗称"小灵通"）达1.45亿，而日本的总人口也才不足1.27亿，网络普及率达到惊人的112.9%。军事、政府事务、经济和社会等领域的网络安全问题由此也受到越来越广泛的关注。同时，出于对中国、朝鲜等国的担忧，组建一支"网络空间防卫队"，已成日本政府的一项紧要课题。

根据相关媒体报道，日本目前正计划组建的"网络空间防卫队"，其编制在100人左右。为了支持这支"网军"，日本防卫省计划在2013财年申请100亿日元（约1.28亿美元）专款。"网络空间防卫队"规模不大，却是日本自卫队麾下一支重要的作战力量。其对日本军事的影响主要体现在：

一、开辟新战线，建立新兵种。日本防卫省在其公布的《网络攻击防卫指针》中指出，目前有效遏阻多样性网络攻击极为困难，甚至自卫队也经常遭受网络攻击，因此急需将网络空间开辟为与海、陆、空、太空并列的"第五军事作战领域"，以加强自卫队的战斗力。新成立的"网络空间防卫队"将接管海上、陆上、空中自卫队的部分网络安全业务。如果日本遭受被视为

"武力攻击的一环"的网络攻击时，那么发动攻击的对手就将被视为"行使自卫权"的对象，日本应确保拥有"武力化反击手段"。

此外，日本组建"网军"，不仅将战场延伸到海、陆、空、太空之外的第五维网络空间，还直接拓展了自卫队的兵力架构，创造出一支独立于现有海、陆、空部队的"高科技特种部队"。《日本经济新闻》对此宣称，成立"网络空间防卫队"就是为了应对来自中国大陆的"网络袭击"。如此看来，这支"网军"的潜在作战目标已经不言而喻。

二、提升日本军事装备软硬件的实力。日本海上自卫队拥有亚洲规模最大的"宙斯盾"舰队，在美国的帮助下这些舰艇正逐步具备反导战力。日本海上自卫队除了拥有"爱宕"级和"金刚"级这两个级别的美版"宙斯盾"驱逐舰外，还自行研发了带有新式相控阵雷达的"秋月"级驱逐舰。而"苍龙"级AIP潜艇、"日向"级和"出云"级直升机驱逐舰、P-1反潜机也堪称亚洲范围内的尖端海上装备。日本陆上自卫队装备的AH-64D"阿帕奇"武装直升机和10式主战坦克与其他国家装备的同类装备相比也不逊色。日本航空自卫队也已订购了美国的F-35隐形战机。因此，就海、陆、空主战武器的性能而言，日本自卫队仍处于亚洲地区的领先水平。不过，随着中国、韩国海军先进舰艇和战机的不断服役，日本自卫队的装备优势已大不如前。更何况，赢得现代化战争并不仅要依靠军舰、战机、坦克等"硬件"，还必须掌握网络战场的主动权。

人 日本设立"网军"应对国外黑客攻击

　　为此，香港《亚洲周刊》刊文指出，由于电子与信息战的优势，是决定战争胜负的主要因素，在双方面对面接触进入实战状态之前，有关电子战、电子反制及信息战早已展开。日本总是把中国大陆解放军臆想为"潜在对手"，并有针对性地谋求军力优势。日本此次成立"网络空间防卫队"，目的就是在于为"硬件"搭配一种极具攻击力的"软件"，谋求在未来的军事冲突中获得"软硬件"双优势。

　　而据最新消息显示，日本《读卖新闻》2014年1月27日报道称：为了提高应对网络攻击的能力，日美两国政府正决定对美军和日本自卫队联合进行网络培训。日本将派自卫官参加美军的网络防御教育课程，以提高自卫队的网络防御能力。以往日美在网络领域的合作仅限于情报交换，今后将开展更为务实的合作。

日美两国还在2014年2月举行首次网络防御工作小组会议，讨论具体的合作方案，力争从2015年度开始实施。日本自卫队在2014年3月正式成立"网络空间防卫队"，全天不间断地对自卫队的网络状况实施监视，并对病毒等情况进行分析。同时美军也将把"网络司令部"的编制从目前的约900人增加到4000人。

日本96式迫击炮随时南下"守岛"

【消息来源】日本防卫省官方网站2014年2月21日透露，日本陆上自卫队从当日起与驻日美国海军陆战队一道，在日本新潟县、群马县等地的自卫队基地举行联合军事演习。陆上自卫队将派出第12旅团第2普通科联队主力300人，使用90式主战坦克、96式120毫米自行迫击炮、89式装甲车、87式自行高射炮等各种机械化重武器参演。

迫击炮本来是步兵的传统支援武器，由于结构简单、携带方便，在旧式战争中的使用极为普遍。抗日战争初期，日本的"小钢炮"(即60迫击炮)曾使中国战士遭到不小的伤亡。而八路军也用缴获的迫击炮让日寇的"名将之花"阿部规秀中将"凋谢在太行山上"。"二战"之后，中口径和大口径迫击炮渐成主流，自行迫击炮也日渐增多。特别是近几十年来，随着先进科技的不断使用，迫击炮家族中出现了越来越多中、大口径的成员，甚至能在战斗中起到部分榴弹炮的作用。不过这些中、大口径迫击炮不能靠步兵来搬扛，于是车载式迫击炮应运而生。这些年来，各国研制的自行迫击炮不下十余种，被称为陆军机械兵种的一场"静悄悄的革命"。

日本在陆上作战中非常重视自行迫击炮的发展，在"二战"后相继研发定型了60式81/107毫米自行迫击炮，75式107毫米自行迫击炮，以及96式120毫米自行迫击炮。96式是一种线膛式迫击炮，采用尾部装弹方式，弹丸靠旋转稳定，被日本陆上自卫队昵称为"上帝铁锤"。该迫击炮炮弹的最大射程约为8.1千米，发射火箭增程弹时的最大射程达13千米，最大射速为每分钟15~20发，装甲防护性较好。

96式120毫米自行迫击炮全长6.70米，宽2.99米，高2.95米，总重23.5吨，乘员5人，迫击炮装在车体后部，向后射击，副武装配有12.7毫米M2重机枪。该款自行迫击炮时速为50千米，持续移动距离达300千米以上。96式120毫米自行迫击炮被配备于第七师团第11普通科联队的重迫击炮中队。虽然当时有增产该车型以装配第二师团第3普通科联队的计划，但由于该联队已经配备96式轮式装甲车，因此迫击炮的配备计划就搁浅了。96式120毫米自行迫击炮一直到2002年停产，总共才生产了24辆。

120毫米自行迫击炮的数量虽然不多，但并不妨碍其在陆地战斗中发挥威力。该迫击炮有多种使用方式，既可以作为陆战中心火力实施重点打击，又可以作为增援与掩护的特别火力压制敌军步兵及装甲车。其良好的机动性、可靠的装甲防护性和强大的炮火威力及较远的射程，都是它制胜的法宝。

人 日本96式自行迫击炮

一、攻守兼备。96式120毫米自行迫击炮在火力、机动性及装甲防御方面取得了很好的平衡。120毫米迫击炮属于大口径迫击炮,在战场上甚至可以承担部分榴弹炮的作用,其威力不容小觑。因此,重迫击炮中队在整个装甲师团中属于主要战斗力量。另一方面,该自行迫击炮仅重23.5吨,且是稳定性较强的履带承重,这种设计不仅加强了其野战行动能力,也加强了射击稳定性。在装甲防御方面,它的性能也在同类兵器中领先。因此作为压制步兵和装甲目标的火力最为合适。

二、博采众长。96式120毫米自行迫击炮与日本陆上自卫队其他多款武器共用技术,可以说是同时期日本装甲兵器的"集大成"之作。这样一来缩短了研发时间,也减少了研发经费。比如在车体构造上,该车体可以说是92

式地雷原处理车、73式装甲车、87式炮兵弹药车的合体。经过合理的空间配置，完成了迫击炮向后发射的改装。在主炮选用上，该车沿用了陆上自卫队120毫米迫击炮RT。该炮由法国公司设计，代号又称MO-120-RT-61，以火力强著称，并被认为拥有不输于榴弹炮的射程。车载发射时，该炮能左右旋转45°，车上可以搭载50发炮弹。对于自行迫击炮这类武器来说，这样的研发理念是最合适不过的。

然而，与96式120毫米自行迫击炮突出的优点相比，它的缺点也非常突出。首先就是昂贵的价格，由于制造总量小，平均每年生产2台的速度让它的单价达到2.2亿日元（约合1300万元人民币）。另外由于炮身过长，不仅在发射时车后门"四敞大开"，就连移动时炮身也无法全部放入车身中，给其防御带来了一大弱点。如果大门敞开了，即使车身装甲再厚也挡不住哪怕是一颗子弹。

有分析表示，日本已经将国防策略重心由北方转移至西南方的"岛屿防御"。就像日本媒体报道的那样，在民间运输船只的帮助下，平时配备于北海道的"最精锐的机械化部队"第七师团第11普通科联队，将能在战事打响时快速南下进行岛屿保卫战或抢滩登陆。就像13式机动战车一样，96式120毫米自行迫击炮也被日本陆上自卫队选定成了在西南诸岛的第一批"炮灰"。

PART *3*
日本航空自卫队

日本航空自卫队是一支空中与空防力量合一的部队，规模不大，但武器装备精良，人员训练有素，是亚洲地区少数装备F-15型战斗机的国家之一，其空中截击能力仅次于美国和以色列，堪称是亚洲地区信息化程度首屈一指的空中力量。

日本航空自卫队现有4.55万人，有377架作战飞机，编成7个航空兵联队。地面防空部队共有4个联队，拥有发射装置120部，装备17个"爱国者"地空导弹部队。

目前，日本航空自卫队已经形成了由侦察机、预警机和地面雷达组成的侦察预警体系。今后，日本航空自卫队的侦察预警体系主要向几个方面发展：一是积极发展侦察卫星，提高导弹预警能力；二是发展无人侦察飞机和高性能远程侦察机，提高侦察效能；三是研制和换装新型地面雷达，提高预警能力。

而日本航空自卫队武器装备发展的重点则是实现武器装备远程化、大威力化和高性能化，确保日本"有事"或日本周边"有事"时能实施包括打击敌国本土基地在内的远洋防空作战。

日本欲借第五代战机复兴强国梦

【消息来源】　美国航空和空间技术周刊网站2012年10月22日报道，日本打算在2016~2017年度启动F-3战机的研发。日本计划在五年内开始研发国产战斗机，其目标是在2027年前后开始生产代号为F-3的战斗机。日本防卫省希望通过投入隐形技术研究和自行建造大功率战斗机引擎，为生产自己的战斗机打下基础。

目前，日本航空自卫队现役主力作战飞机是198架F-15J。此外，还有92架F-4EJ和65架F-2A/B战斗机。从性能上讲，这些战斗机称得上世界一流。但是，日本航空自卫队却认为这些战机已不能适应形势的需要，必须发展新的战斗机来替换。其原因主要有两点。

首先，现役战斗机作战能力单一，尤其缺乏对地攻击能力。日本航空自卫队的F-4EJ、F-15J基本上只有空战能力，不具备携带精确制导空对地火力打击能力。F-2A战斗机虽然是以攻击任务为主，但这种攻击主要指携带反舰导弹打击敌方水面舰艇，在对地攻击能力上则与F-4EJ、F-15J没有多大区别。

其次，随着周边国家陆续装备F-15K、苏-27、苏-30等战斗机，日本航空自卫队感到其战斗机在技术上开始落后。如韩国最新的F-15K战斗机是在美国F-15E基础上发展而来的，综合技术性能远超F-15J。周边国家战斗机的进步给日本很大压力。为此，对现有飞机更新换代已成不能不考虑的任务。

综合各方面资讯，日本更新现役飞机的计划应是采取购买与研发"双管齐下"的方式。由于美国国会已经明确禁止将F-22的技术出口外国，日本现在只能退而求其次，购买性能稍逊一筹的F-35。而在研发这条路上，日本将着重开展对F-3战机的研究。

按照日本方面的计划，日本防卫省拟在2016~2017年启动F-3项目，首架原型机将在2024~2025年首飞，2027年左右投入批量生产，2030~2035年开始取代F-2战斗机，2035~2040年还可能开始取代F-15J战斗机。根据目前掌握的信息，日本防卫省已经准备采购至少200架新型F-3战斗机，与预计在2030年后才会从美国得到的45架F-35战斗机互相补充，共同构成日本未来空中力量的基础。

虽然日本方面并没有明确披露计划研制的F-3属于哪一代战斗机，但是英国《简氏防务周刊》已经指出，日本正在研制的F-3战机属于第五代战斗机，这对日本国防建设的意义也是非同一般。

人 日本F-3战斗机

一、这将是一款日本拥有完全知识产权的飞机。据透露，F-3将不再依赖由国外进口关键的军事技术，包括航电软件、相控阵雷达、发动机、机身复合材料和战机各式空对空/空对海/空对地导弹等，日本将拥有完全的知识产权。相比于目前日本多数武器都是"美国造"，此次的F-3将是实打实的"东瀛国产货"。

二、这将是一款拥有更好隐身性能的飞机。据了解，日本防卫省技术研究开发所将为F-3战斗机研制专用雷达吸波涂层，结合有源相控阵天线网栅，既能提高自身的隐形能力，又能追踪敌方战机雷达辐射强度。为了进行该领域的研究，日本防卫省已向政府申请了2013~2016年间总额16亿日元（大约2000万美元）的研发费用，以研究把天线植入飞机外壳中，进而帮助控制飞机对雷达信号的反射。有研究指出，与F-35相比，F-3的隐身优势无疑更加明显。

三、这将是一款拥有人工智能的飞机。机上的人工智能系统，可以辅助飞行员自动检测、自动防御、自动飞行、自动攻击。这就意味着，此战机除了具有躲避雷达探测的隐形设计之外，更可以当做无人机执行全天候的巡逻防卫任务。

从日本的一些媒体报道来看，似乎日本所有新型武器装备的研发计划，都是因为周边和邻国一些武器装备技术发展，作为应对性的手段而诞生的。此次对F-3战机的研发也不例外。俄罗斯空军的目标是在2016年左右让T-50服役，中国也已经公布了J-10B和J-20战斗机的研发计划，这些被认为是世界上最先进的战机都让日本担忧。作为应对性措施，日本研制自己的国产飞机也算说得过去。

不过，也有分析指出，日本虽然表面上是在拿周边邻国说事，但实际上它还隐藏更大的野心。日本的国家长远战略目标早已公开地表达出来，就是要成为一个"正常国家"。而要成为一个"正常国家"，在许多日本人的理解当中，军事力量以及军事力量的运用等，必须与其争取"正常国家"的目标和地位相匹配。而在军事技术当中，最能体现"正常国家"实力的，就要首推航空技术。它对于日本实现长远国家战略目标，具备一个标志性的意义。

因此，日本的F-3战机不仅是要和俄罗斯的T-50，中国的J-20一较长短，同时也是想与F-22、F-35乃至美国的下一代战机一较高下。按照美国航空和空间技术周刊网站的描述："如果美国空军的计划成为现实，那么到2030年前后的某个时刻，一种比洛克希德·马丁公司生产的F-22'猛禽'和F-35更加先进的战斗机将加入美军。如果日本的计划成为现实，那么几乎在同一时刻，一种同样先进的战斗机也将在太平洋彼岸投入现役。"

可以想象，届时，日本获得的将不仅是一款全新的战机，同时也许还有其希望借此重新军事崛起的雄心，抑或是野心。

日本部署X波段雷达监视中国低飞飞机

【消息来源】 日本《产经新闻》报道，中国国家海洋局所属的一架海监"运-12"小型巡逻机在2012年12月13日上午飞入钓鱼岛附近空域，却未被日本自卫队的雷达发现，引起日本政府极大震惊。日本政府13日紧急决定，购买美国移动式早期警戒雷达——"X波段雷达"，并部署在靠近钓鱼岛的九州地区，以监控中国低空飞行飞机。

"X波段雷达"实际上是对火控、目标跟踪雷达的一种统称，其波长在3厘米以下，上下左右视角均为50°，能够覆盖全方位目标。这种雷达是美军现有最先进的导弹防御雷达之一，是通过改进末段高层区域防御系统X波段雷达的软件发展而来的。X波段雷达与美国的弹道导弹早期预警雷达系统、海基X波段雷达以及预警卫星系统一起构成其导弹防御系统的"眼睛"，实施对各国弹道导弹发射的监视与跟踪。

此前，日本已经研制部署有J/FPS-5弹道导弹预警雷达，其原先拥有的J/FPS-3雷达也进行了升级，具备探测弹道导弹的能力。对于此次日本大张旗鼓引进美国X波段雷达，有分析指出，主要是基于想要提高日本战时远程探测预警能力，增强日本导弹防御系统作战能力等方面的考虑。

1998年，朝鲜试射"大浦洞"1型弹道导弹后，日本政府大肆鼓吹"朝鲜导弹威胁论"，并开始与美国合作研制部署导弹防御系统，其中研制J/FPS-5预警雷达和升级J/FPS-3雷达是部署导弹防御系统的重要一环。通过研制新雷达和升级旧雷达，日本已经形成相对完善的早期预警系统。不过，这些雷达都是固定部署的雷达，具体位置早已是"秃头上的虱子"，不再是什么秘密，其战时生存能力值得怀疑。日本只得不惜花费巨资，再次引进美国当前最为先进的X波段雷达。

人 日本部署的X波段雷达

X波段雷达是美国"战区高空区域防御系统"为了在大气层内外拦截射程达3500千米的中程弹道导弹而研制的一型X波段固体有源相控阵多功能雷达，其性能非常强大。海基X波段雷达于2006年开始部署。

一、探测距离远。X波段雷达的跟踪能力能够将目标确定在一个X波段带宽内，可以把它的能量集中在一个或几个波束的位置上，这意味着X波段雷达能够探测和跟踪较远距离的目标。资料显示，对于常规弹道导弹，X波段雷达的探测跟踪距离高达4000千米；对于减低信号的弹道导弹，其探测距离也可达到2000千米。

二、探测精度高。由于该雷达采用波长较短的X波段和巨大的雷达阵面，雷达波束非常窄，其分辨率非常高，对弹头具有跟踪和识别能力，能识别假弹头，将目标从诱饵或弹体碎片中识别出来。相较于"宙斯盾"系统所使用的S波段雷达、"爱国者"导弹系统使用的C波段雷达，X波段雷达的精确程度更高，能够发现数千英里之外棒球大小的物体。

三、战略战术机动性能好。X波段雷达由雷达天线单元、电力单元、冷却单元和主动力单元等四部分组成，体积小，系统集成度高，具备公路机动能力。同时也可用大型运输机空运，其战时生存能力高于固定部署的雷达。它既可单独部署成为早期弹道导弹预警雷达（前置部署模式），也可和"战区高空区域防御系统"的发射车、拦截弹、火控和通信单元一同部署，充当导弹防御系统的火控雷达（末端部署模式）。

有分析指出，X波段雷达在融入日本导弹防御体系后，将有利于日本双层反导体系作战效能的进一步发挥，大大增强日本的反导能力。日本双层导弹防御体系由海基中段导弹防御系统和陆基末端防御系统组成。海基中段导弹防御系统由4艘"宙斯盾"战舰负责（另外2艘"爱宕"级也即将进行升级），末端导弹防御由16套"爱国者"3型导弹防御系统负责。由于预警系统的J/FPS-5雷达和J/FPS-3雷达工作在L波段及S波段，跟踪精度较差，日本引进X波段雷达后，将可凭借该雷达较远的探测距离和出色的探测精度为导弹防御系统提供早期预警、跟踪及识别等服务。

具体来说，目前日本4艘"宙斯盾"舰已经升级到了3.6.1版本，具备"外界传感器发射"的能力，由于"宙斯盾"SPY-1D雷达最大探测距离约为400千米，若拦截中远程弹道导弹，"宙斯盾"发射的拦截弹就需要陆基或海基X波段远程雷达提供信息。而日本在部署了X波段雷达后，无疑可进一步增强"宙斯盾"舰的反导能力。

事实上，现在位于青森县津轻的日本航空自卫队车力分屯基地内已经部署有X波段雷达。在日本传出要继续购买美国X波段雷达以后，2013年2月23日，上任后第一次出访美国的日本首相安倍晋三与美国总统奥巴马在华盛顿举行"安奥会谈"，悄然确定了在日本国内追加部署美军高性能雷达的方针。

消息人士指出，日美两国把位于京都府北部的京丹后市的日本航空自卫队经岬分屯基地作为候选地，准备追加部署X波段雷达。这个基地位于面向日本海的丹后半岛北端，与朝鲜之间几乎没有岛屿等障碍物。如果日本青森县与京都府两处部署X波段雷达成功，不仅可以追踪射向日本的导弹，也能追踪将美国纳入射程内的导弹。

2013年9月19日，日本京都府知事山田启二表示，京都府将与中央政府合作，接受美军在京都府京丹后市的航空自卫队基地部署X波段雷达。据日本共同社报道，山田启二知事当天还在京都府议会上表示，鉴于中央政府已承诺在治安、电磁波、噪音等方面采取负责任的对策，京都府愿接受部署雷达。但是，他同时表示，如果中央政府不能信守承诺，京都府将"取消合作"。

日本调"超级鹰眼"24小时监控钓鱼岛

【消息来源】 《读卖新闻》2013年1月27日报道，由于现有地
面雷达很难探测到低空飞来的飞机，防卫省已经派遣驻静冈县浜
松基地的4架E-767预警机和驻青森县三泽基地的13架E-2C预警机
轮流前往尖阁诸岛（即中国钓鱼岛及其附属岛屿）附近执勤，进
行全天24小时监视。

E-767预警机是美国波音公司产品。日本原本看好的是美军的E-3"望
楼"（E-707）预警机。E-3"望楼"是E-2"鹰眼"的发展型。它在1991年海
湾战争中的上佳表现给日本航空自卫队留下了深刻印象，日本方面把它视为
世界先进预警机的最高标准。不巧的是，波音公司已经关闭了波音707机体的
生产线，没有多余的E-3可卖。但波音又不愿放弃这次赚大钱的机会，便在美
国政府的支持下专为日本生产了以767客机为平台的预警机。为此，一下子捞

了23亿美元,平均每架5.75亿美元。

1996年8月,一架以改进型波音767机体为平台的新预警机在美国华盛顿州埃弗雷特基地进行了首飞。它开始叫767-27C。日本航空自卫队按照以E代表预警机的惯例,将它命名为E-767。1998年3月,首批两架E-767进入日本航空自卫队序列,部署在静冈县的滨松空军基地。1999年1月,后一批两架E-767入役,部署在北海道的千岁空军基地。目前,经过多次作战测试的4架E-767已初具作战能力,开始担负战备值班任务。值得一提的是,除了日本购买了4架以外,E-767还没有找到其他买家。

虽然没有买到E-3"望楼",但是波音公司为日本特制的这批E-767相比E-3来说并不逊色,有些指标甚至超过了E-3。

一、从基本数据上看。E-767使用的是767-200ER型机体,机内容积是E-3的2倍,工作平台面积比E-3多50%,利于配备更多的任务系统和设备。它的最大起飞重量达175吨,最大平飞速度800千米/小时,实用升限1.2万米,经空中加油后其滞空时间可达22个小时,不加油最大航程达1.037万千米,比E-3要远20%。E-767配备2名驾驶员,机上另有专司预警和控制系统的操作及指挥人员共20人。

二、从技术性能上看。E-767是E-3"望楼"的发展型,机上所配备的雷达、航空电子系统和电子战系统都是E-3所用设备的改进型。它采用的AN/APY-2型机载预警雷达是E-3所用的AN/APY-1型雷达的第二代产品,因而E-767的战术技术性能明显比E-3"望楼"优越。E-767在作战飞行高度上能探测到320千米以外的目标,对高空目标的探测距离达600千米,可同时跟踪数百个空中目标,并能自动引导和指挥30批飞机进行拦截作战。在"合作对抗2003"多国空战演习中,日本1架E-767预警机伴同6架F-15J战斗机,经过空中加油，飞越太平洋抵达美国阿拉斯加，向世界展示出日本E-767预警机具有"窥探"世界各地的能力。

2006年，日本航空自卫队决定对E-767预警机进行技术改进。其改进的项目和内容与美国E-3A预警机雷达系统改进计划相同，主要内容包括：换装2部自适应通用信号处理系统、采用脉冲压缩技术，提高了雷达的灵敏度，提高了数据采样率，改善了距离/速度分辨率，提高了航空自卫队对于远海空情信息的掌握能力。经过技术改进之后，E-767预警雷达的电子战能力、可靠性和维护性均得到了有效的提高。资料显示，一架在东海中线以东上空飞行的E-767预警机，可以直接探测中国浙江省上空的高空目标。为了支持性能先进的雷达及预警机，日本还从美国引进了LINK-16数据链，将这些系统有机的联接在一起，形成联合网络作战系统。

作为一个岛国，日本的国土面积不到37.78万平方千米，配备3~5架E-2C"鹰眼"预警机已经完全能够承担起本土的预警和监控任务。然而，日本航空自卫队并不以此为满足，虽然已经拥有13架E-2C"鹰眼"预警机，但日本又从美国购进了4架"超级鹰眼"E-767预警机，且目前所有的预警机已经全部派往钓鱼岛监视中国。由此也可看出，钓鱼岛已经成为日本军事防备的最重要区域。

据了解，目前日本航空自卫队主要通过全国28个雷达站实时监控领空。不过在远离雷达地区低空飞行的飞机则可能进入监视死角，如日本航空自卫队部署在冲绳宫古岛上的地基雷达，有时就无法探测到中国飞机的动向。

人 日本从美国购进的E-767预警机

　　2013年1月15日，中国国家海洋局的运-12螺旋桨飞机接近至距离钓鱼岛黄尾屿约120千米处，日本航空自卫队飞机紧急起飞。而自2012年12月13日中国国家海洋局飞机进入钓鱼岛领空后，日本航空自卫队已经进行过7次类似这样的紧急起飞。

　　日本距离钓鱼岛最近的雷达站位于宫古岛。但是，这里距钓鱼岛有200千米。由于地球曲率的关系，宫古岛的雷达站并不能捕捉到从低空飞近钓鱼岛的飞机。在此背景下，日本航空自卫队已将13架"鹰眼"E-2C和4架"超级鹰眼"E-767编为一个预警机特别中队，并将之全部派往钓鱼岛24小时监视东海局势。日本已经成为亚洲拥有预警机最多的国家，在世界范围内看其空中预警能力也仅次于美国。

日本发射卫星从太空监视中国海警

【**消息来源**】 《*产经新闻*》2013年1月27日报道，日本政府的两颗间谍卫星于1月27日下午在鹿儿岛县种子岛宇宙中心，采用"一箭两星"的方式成功发射升空。这两颗卫星包括一颗雷达卫星和一颗光学传感试验卫星。至此，日本在轨情报搜集卫星的总数已增至4颗。此外，日本还希望在未来5～10年将监视卫星的数量增至10颗，从而进一步提升对周边国家特别是中国的情报搜集能力。

早在1970年，日本就发射了第一颗国产人造卫星，成为继苏、美、法之后第四个拥有发射卫星能力的国家。同年，日本正式制定宇宙开发计划，确定研制运载火箭的基本方针。其后，随着国际国内形势的变化，日本曾五次大幅修改太空开发方针，但其核心思想始终未变，就是把太空技术藏于民间，利用太空技术军民两用的特性，暗中开发用于军事的高精尖技术。

尽管日本在太空开发上舍得投入，但并不是所有太空领域都搞，而是确立了几个关键领域进行突破。"关键"的标准就是既要隐蔽又要"适用"。

一是运载火箭。目前，日本已开发出L、M、N、H等系列火箭，通过发展运载火箭，其在固体燃料火箭领域已达到世界一流水平，而这些技术很容易用于军事方面。另外，日本还花大力气开发用于发射微卫星的"J系列"火箭。微卫星的发射条件不高，战时的部署和补充比较容易，作战优势十分明显。

二是人造卫星及探测器。据统计，日本目前已发射卫星80多颗，许多卫星都具备侦察功能。日本还斥巨资进行月球探测，制定了"月球A计划"和"月亮女神计划"。登月的一项重要技术是航天器的变轨技术，而这项技术应用于洲际导弹，则是突破导弹防御系统的有效方法。此外，1998年7月，日本还发射了第一个火星探测器"希望"号，成为世界上第三个发射火星探测器的国家。

三是载人宇宙开发。目前，日本至少有5名宇航员进入太空。日本也将建立一批载人航天活动技术设施，以备日后独自开发航天飞机，进行载人航天活动。而航天器的共轨运行和对接等技术是发展载人空间站的关键技术，掌握这项技术后，可以发展寄生型反卫星、"太空地雷"等多种空间对抗装备。

有分析认为，日本如此不遗余力地发展太空力量，对日本军事的影响将是非常深远的。

一、可以增强日本自卫队的远程打击能力。目前，日本已开发多系列运载火箭，而只要在这些火箭上加装制导系统和弹头，就可以发展成弹道导弹。多年来，日本一直企图修改"和平宪法"，一旦突破"防卫"禁区，其火箭技术必将全面用于弹道导弹的研制，这势必会大大增强自卫队的远程打击能力。同时，日本的情报搜集能力也将由此实现质的突破。

二、可以提高日本在全球太空竞争中的实力。日本认为，太空事业在政治和军事领域具有"特殊影响力"，是国家实力的象征，因此将其视为大国战略的一块基石。而太空技术的发展，必将使日本军事力量高科技程度和作战能力提高，从而减少对美国技术和安全保障的依赖，提升在日美同盟中的地位。

三、可以提高日本的海外干预能力。太空技术带来的远程打击、空间侦察监视、精确定位等能力，无疑将助长日本的"海外干预"能力，继而增强其地区威慑力。

正是出于以上考虑，日本不断加大对于太空侦察力量的研发和投入力度。特别是面对在太空开发计划上取得巨大进步，逐渐成为太空强国的中国，日本在太空领域的危机意识也日益增强。2013年2月，日本首相安倍晋三在与美国总统奥巴马的会谈中即强调："太空是关系到两国安全和经济的重要合作领域。"

人 日本发射的侦察卫星

2013年3月，日本又联合美国在东京召开首届太空领域合作"统合性对话"会议。会后，日美发表联合声明称，今后将以推进利用人造卫星监视中国军舰、船只为中心进行合作，增强日美同盟关系。

而据日本相关媒体报道，日本政府还计划从2013年开始，用5～10年时间，发射6颗系统侦察卫星，以实现对全世界任何地方每天一次以上的拍摄和监视。

有专家指出，针对中国海洋局扩大海监队伍，日本一直在努力做出"应对"。日本的海上保安厅拥有上千吨的大型舰艇49艘，而中国只有30多艘，即便中国将渔政船与海监船合并后，总数也不会超过38艘，日本目前仍然占据优势，但日本希望进一步巩固自己的优势。由于中国成立新的海警力量，原有的海监、渔政等海上力量将升级并进行整合，而且中国海监开始对钓鱼岛、西沙、南沙等海域进行海空一体的联合巡航维权。所以，日本利用目前已经发射升空的4颗侦察卫星，将密切监视东海海域中国舰只的动向。如果再加上未来的6颗卫星，日本可用于监视侦察的间谍卫星将增至10颗。如此一来，日本对亚太海域的监控能力将如虎添翼。

对于日本打造高性能卫星侦察体系的目的，《产经新闻》分析称，朝鲜发射的弹道导弹和卫星是对日本的重大威胁，朝鲜的核设施和导弹自然是日本卫星紧盯的目标。但许多迹象显示，日本媒体的上述说法有所保留。实际上，日本频频发射侦察卫星还有着监控周边国家的深层意图。特别是近年来，日本最新出台的一系列国家安全和军事战略，均把中国列为重点关注对象，加强对华情报搜集已经成为日本自卫队的长期性任务。

显然，随着侦察卫星系统的完善和更新，日本对周边国家(地区)特别是对中国的情报收集能力将空前提高，势必对中国的安全环境形成挑战，乃至成为影响东亚地缘政治格局的新变量。

"日本造"新型运输机是个多面手

【消息来源】 中国国防科技信息网2013年2月28日报道,日本航空自卫队新一代运输机C-2的2号样机正在进行各项技术验证试验。C-2运输机由日本防卫技术研究本部设计,作为C-1运输机的替代机型,运输载重能力为C-1的3倍,约30吨,不加油情况下,载重12吨能飞行6500千米,可直接飞到北美、澳大利亚和中东地区。

据报道,日本技术研究本部和日本航空自卫队试飞团队从2012年2月开始,陆续在陆上自卫队东富士山演习场上空对C-2进行了连续空投集装箱和空降兵的试验;为满足国际灾害救援需要,进行了陆上自卫队UH-1直升机装载试验;冬季,在航空自卫队的千叶基地进行了耐寒试验;为应对敌机和地面的导弹威胁,进行了曳光弹齐射试验。各项试验将持续到2014年年末,同时开展量产机型的生产。

此前，日本航空自卫队已经先期采购了6架C-2大型运输机。首架C-2量产型将在2014年年底装备到美保基地。

日本航空自卫队常用的运输机主要有两种，一种是美国的C-1军用运输机，还有一种是YS-11运输机。在2011年的东日本大地震中，日本因为拥有的运输设备不足，救灾物资、人员以及抢险设备的运输远远满足不了赈灾的需要，日本政府不得不向驻日美军求援，同时也紧急租用了美国的C-130运输机进行抢险救灾。但是因为灾情的严重，日本自卫队本身的运输机出动达到了使用允许的最高值，这样必须更多地采购新的运输机，当时日本政府的想法是一边购买美国的C-130使用，一边独自开发新的日本国产运输机，这就是C-2运输机。

随着日本将钓鱼岛"国有化"，中日之间的摩擦日益加剧，对于"离岛"的运输也已经成为一个重要话题。普通运输机航速较慢，并且在海上容易受到攻击，而大型运输机因为速度比较快，在战斗机护航的情况下可以快速运输任何物资到各个岛屿上。因此，C-2运输机的研发及装备部队对日本也就显得更加重要。

C-2运输机的研发项目最早于2001年上马，该计划由日本川崎重工牵头，包括富士重工和三菱重工在内的7家日本主要航空企业联合参与。研发过程中分别制造了地面试验和飞行试验用飞机各两架。2006年3月15日，地面试验机1号交付防卫厅测试，在随后进行的静止状态下的强度实验中，试验机表现差强人意，机体多处变形，为此需要改善机身的相关设计。

而飞行试验机1号于2007年3月6日被披露，该型机首飞时间原定于2007年夏，但在试飞前两个月，该机所用的美制铆钉被判定强度不足，为此需要将其全部更换。铆钉的调查和更换严重拖慢了工程进度，因此C-2计划一再延期。在2009~2010年度中，C-2采购预算被取消，防卫省安排该机可在2012年后装备部队，项目组也因此获得了充足的研发时间。

据了解，C-2大型运输机的最大起飞重量达到140吨左右，号称亚洲人自行研制和生产的最大起飞重量的飞机，也是亚洲人生产的最大型运输机。作为日本国产的一款大型运输机，它主要具备以下特点：

一、结构上：C-2运输机的机身由日本自主研发，是迄今为止该国自主研发机型中尺寸最大的一款。机身配备有两台涡扇发动机，主翼为上单翼配置，尾翼采用了T形尾翼设计，货物出入口位于机身后部，装卸载十分方便。起落装置方面，起落架共有12个滑轮，每侧分别安装6个。机首搭载有气象雷达和航行雷达，雷达天线罩的左右两侧和机体后部装有导弹预警装置和雷达告警接收机的传感器。位于机身下部的主起落架部位配备有辅助动力装置。有效载荷的增加，使得输送大型手术车和装甲车变为现实，这必然大大提高日军应对"周边有事"及自然灾害的能力。另外，后门处装有防风装置，大大提高了伞兵部队执行任务时的安全性。

二、性能上：C-2运输机的基本设计理念有三点：载重量足够大，续航距离足够远，巡航速度足够快。C-2在设计时充分考虑到空气阻力的问题，其机身设计有利于降低空气阻力，优异的主翼设计和大推力发动机十分有利于高速巡航。其巡航速度可达到民间客机的高亚声速，足以与目前国际共同开发的空客A400M军用运输机相匹敌。另外，C-2可以使用民航的航道迅速完成对目的地的投送任务。虽然C-2的机身较大，但其发动机性能十分优越，因此它维持了短距离起降能力，即便投送目的地的机场跑道很短，也可以出色地完成任务。

同时，C-2运输机上新装了战术运输飞行管理系统，低空飞行时可将飞行路径显示在平视显示器之上，同时可以提示位于该路径之上的威胁所在。由此，飞机的生存性能得以大幅度提高。另外，C-2的便捷化装卸系统大大缩短了货物的装卸时间，提高了C-2运输机的输送效率。

而据相关资料显示，C-2运输机不仅运输能力超群，还是一个"多面手"。如果军方需要，可以立即"漂亮转身"，成为空中预警机、空中加油机、远程侦察机或者战略轰炸机，从而在中日岛争中扮演更加重要和复杂的角色。

人 日本C-2运输机

有关C-2运输机的最新消息是据香港《文汇报》2013年11月6日报道的新闻：日本正考虑向外国出售军用飞机，并计划通过国有银行提供低息贷款，以支持生产商跟海外公司争夺军销市场。知情官员透露，日本打算以两个项目为修改政策"试水温"，其中就包括川崎重工建造的C-2军用运输机。

分析人士指出，日本此举不仅将打破该国自"二战"结束以来的出口军备禁令，同时也将使本就恶化的中日关系雪上加霜。

日本战机F-2战力虽强却麻烦不断

【消息来源】 美国《防务新闻》周刊网站2013年5月6日报道，自2011年以来，日本航空自卫队一直在稳步为F-2战机配备联合直接攻击弹药。2011年为12架战机配备了联合直接攻击弹药套件，2012年装备了20架战机。2013年的装备成本为13亿日元，但装备F-2战机的数量不明。

F-2战斗机，是日本航空自卫队的战斗机机种之一，也是接替F-1战斗机任务的后继机。此款战机由三菱重工及美国的洛克希德公司合作，以F-16为基础共同研制，于1995年完成原型机并于2000年开始服役。主要任务为反舰作战，但靠着先进的电子战系统和雷达，在空对空作战中也有不错的表现，故有"平成零战"之称。

20世纪80年代中期，日本防卫厅拟自行研制一种新型战机以取代过时的

F-1战斗机，而美国人则希望日本能够购买其已经定型生产的F-16战斗机。作为妥协的产物，日美两国于1987年11月签订协议，由日本政府出资，以美国空军的F-16为样本，共同研制一种适用于日本国土防空的新型战斗机。而后，日本防卫厅选中了日本的三菱重工集团和美国的通用动力公司（即现在的洛克希德·马丁公司）等几家大型军工厂家联合作为合同承包商。起初这种飞机的研制型号被称为FS-X，后来才正式定名为F-2战机。

由于时间仓促，准备不够充分，F-2战斗机在研制技术、经费等方面都遇到了很大困难，并一度险些使该计划流产。日本防卫厅最初拨给F-2战斗机的研制费用只有1650亿日元，但由于技术方面的缺陷使得F-2计划严重超支。截至1995年，日本防卫厅为研制F-2已耗资3300亿日元（约23亿美元）。而据专家估计，全部完成F-2的研制生产过程至少需要耗资9920亿日元，是原计划费用的6倍。有鉴于此，日本政府曾一度考虑放弃这个耗资庞大的发展计划。

自20世纪80年代后期日本航空自卫队的F-2战机计划公布以来，其设计方案多次更改，经费预算不断增加，最后定型日期也一推再推，直到1995年10月7日，首批4架原型样机才开始试飞。1995年12月，日本政府最终批准了生产130架F-2战斗机的计划，并准备在1999年将其投入现役。由于在试飞期间F-2战机的机翼又出现断裂事故，日本防卫厅官员又不得不将其服役时间推迟到2000年，比预期设想推迟了一年多。

人 日本F-2战机

由于日本的F-2战机是以美国空军的F-16C/D型战斗机为蓝本设计建造的，在飞机外形、动力设计、搭载武器等方面吸取了不少F-16的优点和特长。但为了突出日本国土防空的特点，日、美两国又在几个重要方面对F-2的设计做了改进。这使得日本的F-2战机既具有美军F-16的特点，同时又具有"东瀛特色"。

一、独特的机身设计。在制造F-2飞机的机翼时，日本应用了"共同固化"的先进技术，即在自动调温炉内将复合材料的成型和加工会在一起，一体完成复合材料机翼的制造。采用这一新工艺加工的机翼部件光滑无缝，有利于减小气流干扰和阻力，改善飞机的气动性能。F-2的机身截面基本与F-16相同，但为增加内部容量，稍稍增加了机身中段长度。由于采用了先进的材料和构造技术，F-2战斗机的机身前部得以加长，从而能够搭载更多的航空电子设备；由于机翼大量采用吸波材料，可以大幅降低雷达探测特征。

二、先进的航电系统。与F-16相比，F-2的最大变化是在航空电子系统方面。该机采用的很多电子设备都是新研制的，其中有不少优于F-16飞机上的设备，而最引人注目的就是火控雷达。它采用了当今世界上最先进的有源相控阵技术。这种雷达的特点是每个天线都可单独发射电磁波进行电子扫描，不需要机械转动天线，搜索范围大，处理速度快，可靠性强。该雷达对于驱逐舰大小的目标，其作用距离可达到148～185千米。

三、强大的反舰能力。按照日本防卫厅的要求，装备F-2战斗机主要是为了打击海上目标，以达到歼敌于海上的目的。这就决定了F-2战机在武器配备上要以反舰作战为主，在性能上突出航程和载荷能力。据介绍，F-2具有携带和使用多种武器装备的能力。如在空对海武器方面，可带ASM-1/ASM-2反舰导弹、CBU-87集束炸弹。此外，F-2还可装备两种型号的CCS-1光学反舰制导炸弹。这些装备使得F-2能在远距离精确攻击敌海上和滩头目标。

尽管F-2以对海作战为主，但其空战能力也不弱。它装备了先进的空对空导弹，具有较好的近距格斗性能和超视距作战能力。F-2战机能够在飞行中接受空中加油，其作战半径约810千米，续航里程在4000千米以上。

据了解，F-2战机在21世纪将全面担负起日本国土防空的重任，而日本航空自卫队自20世纪70年代以来就加入现役的F-1型和F-4型战斗机将陆续退出服役序列。按计划，日本空中自卫队最终将采购130架F-2战机，不过由于其成本实在太高（每架F-2高达80多亿日元，约合8500万美元），最终日本自卫队只装备了75架，并在2005年宣布停止采购。这75架F-2战机部署在青森县三泽、宫城县松岛、福冈县筑城的航空自卫队基地中。

有分析就此指出，由于日本F-2战机出色的反舰攻击能力，其在中日军事对抗中将扮演十分重要的角色，尤其是在中日海上对抗以及在夺岛作战中，将会对中国海上舰船以及登陆部队造成"一定的麻烦"。

不过，F-2战机自身也麻烦不断。2010年11月20日，一架日本F-2战机在靠近钓鱼岛四周的东海上空战备飞行时，由于飞机发动机出现故障，坠毁在钓鱼岛海疆，飞行员失踪。

2011年3月13日，日本航空自卫队位于宫城县的一个航空基地在遭受海啸袭击后，28架F-2战机全部进水，部分战斗机被冲撞到机库的墙壁上，受损十分严重，携带的导弹也在海啸中失落。

看来，日本F-2战机要想给中国制造麻烦，首先还需要解决自己的麻烦。

日本搞新型反舰导弹对付中国航母

【消息来源】 日本《军事研究》月刊2013年6月号发表了前航空自卫队飞行开发试验团司令宫胁俊幸的文章，称日本正在加紧研发新型反舰导弹。文章提到，日本四面环海，其他国家对日本的侵略应当是以飞机和导弹攻击开始的。此后，对方的舰船会攻击我方的舰船和领土，继而就是大规模地面部队搭乘登陆舰艇编队登陆。在中、俄两国海军力量显著发展之际，反舰导弹的重要性进一步增强。为此，防卫省技术研究本部和三菱重工正在研制新型空舰导弹ASM-3，意在摧毁入侵敌舰。

目前，日本航空自卫队执行反舰任务的是F-2战斗机和F-4EJ战斗机，这两种战机上装备的都是ASM-2反舰导弹。虽然这种导弹的反舰能力很强，但是，日本在战机数量上却处于较大的劣势中。因此，日本希望借助新型反舰导弹ASM-3发动更有效的反舰攻击，从而弥补数量劣势。有消息表明，日本防卫省技术研究本部正在和三菱重工一起合作研制。

从目前掌握的资讯上看，ASM-3与ASM-2两种导弹在外观和最大射程上非常相似。ASM-3的技术先进性体现在以下几方面：

一、ASM-3装备冲压喷气发动机，使导弹实现了超音速飞行。据悉，与亚音速导弹相比，ASM-3留给敌方舰空导弹的反应时间和近防系统的射击时间可减少一半以上。这大大提高了ASM-3导弹突破敌方舰船防空系统的概率。日本自卫队认为，这样可以用较少的导弹击毁同样多的敌舰，提高了战斗机部队的整体使用效率，同时可以让F-2、F-4EJ执行其他攻击任务，弥补了战机数量上的劣势。

二、ASM-3采用新式爆破部件和爆炸引信。前面提到，ASM-3以超音速飞向敌舰。如果采用传统的爆破部件和爆炸引信，在导弹与敌舰剧烈撞击的影响下，导弹会马上发生爆炸，结果只能伤到敌舰外部。ASM-3使用了能够承受高速冲击的新型爆破部件和爆炸引信，不仅可以穿透"表皮"，更能毁其"内脏"。

三、ASM-3采用复合制导。ASM-3反舰导弹发射后，将根据事先输入的目标信息飞向指定位置，一旦感知到敌方的雷达波，导弹将切换到被动雷达制导方式。导弹飞行过程中，可随时开启主动雷达。主动雷达捕获目标后，将结合此前被动雷达获得的目标信息，引导导弹飞向敌舰。主动雷达和被动雷达相结合的制导方式，既提高了ASM-3导弹的目标选择能力，又使它具有很强的抗干扰能力。目前，各国海军舰船为了对抗采用被动制导的导弹，普遍装备了诱饵弹。对方导弹来袭时，可发射诱饵弹引开导弹。而ASM-3型导弹却不容易被诱饵弹干扰。

四、ASM-3导弹可以与F-2战斗机、预警机等密切配合，实施更有组织的反舰攻击。目前，日本自卫队已完成对F-2战机的升级改造。F-2战机与自卫队空中预警机可实现数据链相互传送和信息共享。在这种情况下，预警机获取的敌方信息会迅速传递至F-2战机，而F-2战机将利用这些数据"指挥"挂载的ASM-3导弹精准打击目标。

人 日本研发的新型反舰导弹ASM-3

2013年7月3日，新加坡《联合早报》网站曾作出报道，指出由于中国海军大力发展航母，日本开发新型反舰导弹"显得更有必要"。但是，《世界报》援引俄罗斯《论据与事实》报道称，日本以"应对中国航母"为借口发展新型空射导弹，似乎难以令人信服。以日本公开的ASM-3导弹的相关数据来看，其重量大约为900千克，即使按照日本较高的材料及工艺水平，该型导弹的战斗部重量也很难超过200千克，即使其攻击速度能够达到3马赫，其威力恐怕也不足以对付1万吨级以上的作战舰艇，就更别提打击航母了。

俄罗斯《武装力量》杂志则认为，日本研制ASM-3的一个目的确实是对付中国航母，不过"是采用另一种方式"。该报道指出，中国的防空舰是一个机动雷达平台，拥有射程较远的舰空导弹。要对它发动攻击的反辐射导弹要具备较远的射程、较快的速度及较强的机动性能，这需要给导弹配备整体式冲压发动机。实际上现代反辐射导弹一个发展趋势就是用整体式冲压发动机替代固体火箭发动机，而日本ASM-3导弹配备的就是整体式冲压发动机。ASM-3导弹还配备了主/被动复合制导系统，不易受诱饵弹干扰。

该报道还指出，日本新开发的ASM-3导弹与其说是一种反舰导弹，倒不如说是一种空射反辐射导弹。中国"辽宁"号航母配备了庞大的舰载雷达系统，而中国未来的国产航母也将配备这种系统，日本ASM-3反辐射导弹很可能以中国航母的雷达为攻击目标。

现代战争中的军事行动，都需要借助现代化的雷达设备。一旦战争发生，不管哪一方面，首先都要摧毁对方的雷达。因此，军事专家已经指出，日本新型反舰导弹ASM-3是将中国航母的雷达作为攻击目标的，目的就是开战之初执行"封眼"任务。

有消息表明，日本新型ASM-3反舰导弹的研制工作开始于2010年，计划于2016年完成试验。供试验用的样品计划于2013年开始空中和地面试验。

日本"王牌战机"欲与中国一较高低

【**消息来源**】 日本共同社2013年7月3日报道，日本航空自卫队现已将驻冲绳的F-4战斗机陆续换成作战半径更大的F-15J战斗机。目前，F-15J飞行员的空中加油能力已基本成熟，可以将该型战机的作战半径扩大，航空自卫队的远程奔袭作战能力也将得到加强。

日本《产经新闻》称，光靠日本海上自卫队无法在东海与解放军博弈。日本《军事研究》杂志也称，光靠海上力量和海上自卫队附属的空中力量不足以在东海与中国解放军较量，日本航空自卫队必须加大对东海的投送力量。报道称，防卫省早已修改航空自卫队的《交战规则》，放大其"交战权力"，让它可以广泛介入"东海护航行动"，以达到"海空一体化"控制东海的目的。

长期以来，由于日本战机作战范围偏小，在东海钓鱼岛问题方面"底气严重不足"。以此前驻冲绳的F-4战斗机为例,其作战半径只能勉强覆盖钓鱼岛,它往往刚飞临争议海域上空就因油料不足必须返航。如今,日本航空自卫队将驻冲绳的F-4战斗机陆续换成了作战半径更大的F-15J战斗机,可谓大大增加了在钓鱼岛问题上与中国空军抗衡的筹码。

F-15J战斗机是日本航空自卫队的主力重型战斗机,主要用于空中格斗,夺取空中优势,并具有较强的对地攻击能力。1981年正式开始装备,现已成为日本航空自卫队的"王牌"战机。

人 日本"王牌战斗机"F-15J

早在1980年,日本就以"和平之鹰"计划引进该型战斗机,由三菱重工公司负责全机的组装,生产单座的F-15J型战斗机和双座的F-15DJ战斗教练机。目前,日本航空自卫队共装备了165架F-15J和48架F-15DJ。

需要补充的是,凡是引进的外国飞机或其他武器装备,日本都会在原型号后面加上字母"J"。所以F-15J战机其实就是"大和"版的美制F-15重型制空战斗机。

关于美国F-15重型制空战斗机，主要具有以下特点：

一、它是世界第三代战机的卓越代表。美国F-15战斗机与同属美国的F-16、美国海军的F-14、F/A-18，法国的幻影2000，前苏联的苏27，中国的歼-10、歼-11等，都属于第三代战斗机。作为当今世界第三代战机的卓越代表，F-15战斗机与其他同代战机相比，可谓独占鳌头。

二、它具有卓越的性能。与美国第二代喷气式战斗机相比，F-15的最大改进是具有高度的机动性和加速性能，摆脱了F-4等战斗机机动性能与小型喷气式战斗机相比存在一定缺陷的困境。其推重比极高，而单位翼载荷则很低。按要求，它能做高空高机动飞行和洲转场飞行；能单人操纵投放各种武器；可近距格斗，野战自助能力强。具有雷达下视能力，马赫数为2.5。

三、它具有先进的雷达系统。F-15战机的多功能脉冲多普勒雷达可以向下俯视搜索目标，利用多普勒效应能避免目标的讯号被地面杂讯所掩盖，可以追踪从视距外到近距离、树梢高度的小型高速目标。目标反射的雷达讯号会传到中央电脑，在近距离缠斗下，雷达可以自动捕获目标，并将目标资讯投射到头盔显示器上。电战系统提供威胁来源的警告，并且自动进行反制。

四、它具有强大的攻击能力。F-15能搭载多种空对空武器，自动化的武器系统与手置节流阀及操纵杆的设计，让飞行员只需使用节流阀杆和操纵杆上的按钮，就可以有效地进行空战。而所有的设定与视觉导引都会显示在头盔显示器上。F-15能够携带"麻雀"空空导弹、"响尾蛇"空空导弹、

AIM-120先进中程空空导弹等。在右侧进气道外侧还有一座M61A1火神机炮。

从2002年起，日本又开始对F-15J战斗机进行了大规模的现代化改进，主要项目包括换装新型火控雷达，配备综合电子战系统，加装红外搜索跟踪装置，安装Link-16数据链，机载中央计算机的升级换代，座舱内武器控制面板从传统仪表更换为多功能显示器，配备性能与AIM-120相当的日本产XAAM-4型先进中程空对空导弹等。改进后，该机型的探测能力更强，反应速度更快。在夜间、恶劣气候及强电子干扰环境中的作战能力也得到了大幅度提高。

关于此次日本方面用F-15J替换F-4战机的动作，有分析认为日本主要有两种企图。

一、使驻守冲绳的日本航空自卫队的作战力量大大增强。鉴于冲绳的地理位置距离中国的台湾和东海海域都十分近，日本防卫厅此次调防反映出日本军事战略的重心向西南方向调整，体现了日本遏制中国的企图。日本国内此前一直有意见认为，自卫队在冲绳地区只配备24架性能老旧的F-4型战斗机，实力过于单薄，无法应对中国空军第三代苏-30和歼-10型战斗机。此次换防，正好迎合了这种论调。

二、自卫队调整那霸基地的战机，其目的也是为了针对台海。此次日本航空自卫队驻守冲绳的力量提升，一方面可以加强日本在台海"有事"时的作战态势和政策选择；另一方面，由于冲绳地区也驻扎了美军的大量F-15型战斗机，这也大大方便了日美战机展开联合训练和联合作战。

而据最新消息显示，日本《产经新闻》2014年1月28日报道，日本航空自卫队当日宣布，针对中国军机"频繁突破日本防空识别区"接近钓鱼岛海域领空，日方将着手制定飞行员操作手册。其内容涉及指导日本F-15J战机飞行员对进入该领空的中国歼-10战机实施拦截迫降，对中国运-8巡逻机进行迫降并且逮捕机组人员，并交由冲绳地方警察厅处理等。

中日钓鱼岛之争，不仅是陆上之争、海洋之争，同时也是空中之争。在这一争端中，人们今后估计还会经常看到F-15J的身影。

日本高调部署"鹰眼"紧盯钓鱼岛

【消息来源】 据《产经新闻》报道，日本防卫省2013年8月21日已决定在位于冲绳县的航空自卫队那霸基地里，组建一支由E-2C预警机组成的"飞行警戒监视队"，以加强对中国飞机的监视。报道称，因为中国飞机不断在钓鱼岛周边的东海上空飞行，为防止"日本领空"遭受侵犯，需要加强可以长时间、持续进行警戒监视的力量。据悉，日本防卫省已经在2014年度的防卫预算概要中，增加了13亿日元的设备添置专款，专门用于那霸基地组建"飞行警戒监视队"。

美国的E-2C预警机集预警、指挥、控制、通信能力于一体，可充当活动雷达站和空中指挥中心，堪称"战场天眼"，在几次局部战争中都有出色表现。因此，从20世纪70年代末开始，日本就不惜耗费巨资采购该型预警机。

1979年，日本购买了第一批预警机——4架美制E-2C预警机，花费约1.7亿美元；1981年，日本又花费2.7亿美元购买了第二批4架E-2C，这8架E-2C在1985年年底全部到货；1988年，日本又花费超过6亿美元采购了5架E-2C，使日本拥有的E-2C预警机总数达到13架，全部被部署在日本青森县的三泽基地。同时，静冈县的滨松基地还部署有美制E-767预警机。

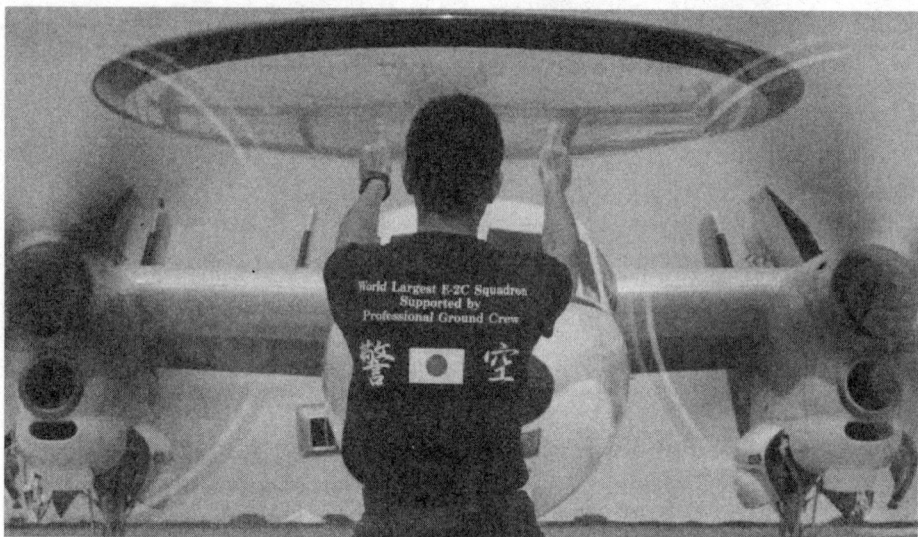

人日本引进的"鹰眼"E-2C空中预警机

日本媒体指出，2012年9月日本对钓鱼岛及其附属岛屿实施所谓的"国有化"以后，中国军队战斗机和侦察机在东中国海上空接近"日本领空"的飞行急剧增加。2013财年，日本航空自卫队针对中国飞机的紧急起飞拦截次数达到306次，比2012财年增加一倍以上，是历史上最多的。

正因为这样，2012年9月以后，日本航空自卫队不仅使用战斗机执行对中国飞机的紧急起飞任务，还投入了E-2C和E-767预警机。E-767预警机自静冈县滨松基地起飞，距离青森县三泽基地太远，日常飞行的开支巨大，2012年9月自卫队决定向那霸基地派遣了4架E-2C预警机。根据目前的计划，自卫队将派遣半数的E-2C预警机前往那霸基地，并在那里组建新的预警机作战单位。日本防卫省还希望以新设部队的方式凸显加强"西南防卫"的动作，从而对中国形成牵制。三泽部队将编列为第一飞行警戒监视队，那霸部队将编列为第二飞行警戒监视队。

E-2C预警机被称为"鹰眼"，是美国格鲁门飞机公司为海军研制的舰载空中预警机，在海军航母编队中担任空中预警和指挥任务，保护航空母舰战斗群。E-2C同时也被许多国家空军在陆上机场使用，它是全世界产量最大，使用国家最多的预警机。

作为当前美国海军唯一使用的预警机，它在机载雷达、电子设备以及发动机推力等方面都具有显著特点：

一、E-2C作为预警机，并不需要直接执行战斗任务，而且电子干扰能力极强，因此没有安装任何武器。任何飞机想攻击E-2C之前，都会被E-2C的雷达首先探测到。E-2C使用的雷达，据称可以探测到270千米以外的巡航导弹。该雷达还能探测到1250万立方千米监视范围内任何地方的空中目标，同时监视海上交通情况。20世纪90年代，E-2C的机载雷达进行了升级，升级后的雷达实现了远距探测，自动目标跟踪和高速处理的一体化，可自动实时对2000个目标进行跟踪，并能指挥拦截40多个敌方目标。

二、对于任何作战飞机来说，光有好的雷达，没有完善的电子系统也是不行的。E-2C装有利顿公司的OL-77/ASQ中央数据处理机，由两台L-304计算机组成。该计算机可实时计算和控制来自雷达、通信、导航与电子对抗系统的数据，并对此做出相应决策。整个处理机系统可完成监视、探测、截获、测高、识别、分类、跟踪、数据显示、威胁估计、航迹截获、武器选择、截击导引、数据传送、导航、飞机性能监视与控制等不同任务。

三、为了确保众多电子设备的供电，E-2C预警机上装有两台由发动机驱动的发电机，每部功率是60000千瓦；另有一个油压驱动备用发电机，功率是5000千瓦。凭借优秀的发动机性能，E-2C预警机预警巡航高度可达到9144米，最大航程2800千米，续航时间长达6小时30分。

据资料显示，E-2C对不同目标的发现距离分别为：高空轰炸机741千米，低空轰炸机463千米，舰船360千米，低空战斗机408千米，低空巡航导弹269千米。并可同时引导45架战斗机进行空战。而钓鱼岛距离中国温州约为356千米，距离福州市约为385千米。也就是说，担任钓鱼岛警戒任务的日本E-2C预警机，可直接监控到从中国大陆本土出动的大多数舰船和飞机以及导弹，实现提前预警。

此外，E-2C预警机还能监视威胁中国"辽宁"号航母及其配属舰队的各种目标，并指挥舰载战斗机作战；同时也能与地面部队、普通战舰直接通过数据链，两部短波，六部以上的超短波无线电交换信息，使得E-2C可以被赋予更多、更重要的任务。

配备有E-2C的日本自卫队，犹如安装了一双可俯瞰低空、地面和海洋的"鹰眼"，对钓鱼岛周边海域以及中国虎视眈眈。

日本提前在冲绳部署"爱国者"-3导弹

【消息来源】 据加拿大《汉和防务评论》月刊2013年8月号报道，日、美考虑到一旦中国发动军事进攻，美军基地即冲绳等地区不免遭受弹道导弹攻击。因此，以钓鱼岛问题为契机，日、美对华弹道导弹防御计划将进一步扩大到离岛。美军、日本自卫队已经在冲绳部署了"爱国者"-3型导弹防御系统，今后视中国弹道导弹威胁的种类、现实性，日、美可能还将在冲绳海域部署大气层外反导系统（"标准"-3系列）。

从2007年开始，日本为航空自卫队高炮集团配备"爱国者"-3型拦截导弹，首批配备有"爱国者"-3的高射群分别驻扎在东京周边的琦玉、千叶、茨城和神奈川等县。此后，日本防卫当局又陆续为航空自卫队共计6个高射炮集团全部配备了"爱国者"-3型拦截导弹，同时还建立了移动式"爱国者"-3

型导弹防御系统，以提高没有部署高炮集团地区的防空能力。

人 日本装备的"爱国者"-3导弹

　　至此，日本已初步建立了防御弹道导弹袭击的双层防空网。第一层是日本海上自卫队"宙斯盾"驱逐舰上的"标准"-3型导弹防御系统。如果有导弹突破了第一层防空网，"爱国者"-3型导弹防御系统将形成第二层防空网，在重要城市上空击毁来袭导弹。

　　"爱国者"-3型反导系统，是美国洛克希德·马丁公司在"爱国者"-2型反导系统的基础上，通过改进火控系统并换装新的"爱国者"-3导弹而成的一种全新防空系统，是美国研制的TMD系统（战区导弹防御系统）重点项目之一。主要防御近程和中程弹道导弹、巡航导弹以及气动力目标（如固定翼与旋转翼飞行器），由地基雷达、交战控制站、发射装置和拦截弹等四个基本部分组成。作为当前技术最成熟、最先进的导弹防御系统，"爱国者"-3

具有以下特点：

一、极高的拦截精度。"爱国者"-3导弹的最大速度和"爱国者"-2导弹大致相同，但使用了高精度的Ka波段（据称是8毫米）毫米波主动雷达制导，制导精度比"爱国者"-2有质的提高，模拟计算其制导误差小于0.17米，而"爱国者"-2的C波段制导则有约5米的精度误差。

二、大角度侧向拦截。"爱国者"-3导弹还增加了180个小型侧向发动机来提供末端修正，机动能力比纯舵面控制的导弹提高很多。因此，除了"爱国者"-2、"天弓"等导弹使用的性能有限的逆轨拦截方式外，"爱国者"-3型导弹还能以很大的角度进行侧向拦截。这是"爱国者"-3型导弹拦截能力大幅度提高的一个重要原因。

三、高制导雷达功率。"爱国者"-3导弹系统的相控阵雷达从AN/MPQ-53升级到AN/MPQ-65型，MPQ-65雷达增加了行波管，使发射功率增加了一倍达到20千瓦。采用低噪声放大器，进一步提高了探测距离和分辨率。在通讯方面，"爱国者"-3型导弹系统增加了联合战术信息分发系统的通信接口，改进了发射架的通信，可以使发射架远离雷达和作战控制台，甚至由其他火力单元的作战控制台来控制。

四、高机动性能。"爱国者"-3导弹仅使用一部相控阵雷达就能完成目标的搜索、探测、跟踪识别以及导弹追踪、制导和反电子干扰等多项任务，这样就大大减少了地面设备的配置和人员所需，其反应时间只有15秒。另外其全部装备用4辆拖车即可装载，同时也可进行海运和空运，战略机动性能良好。

五、强大的作战能力。"爱国者"-3导弹可以同时对100多个目标进行搜索和监视，并制导8枚导弹拦截不同方向和高度的目标，可以应对大面积的饱和式攻击。该系统使用复合制导技术，杀伤力极大，对飞机的命中率可达

90%以上，对战术导弹的命中率也可达到75%-80%。

据了解，日本从美国引进"爱国者"-3型导弹防御系统，表面原因是针对来自中国与朝鲜所发射的弹道导弹、巡航导弹的威胁。然而，许多武器都是攻防兼备的，只不过有的进攻性特点突出，有的防御性特点突出。但是最好的反导武器归根结底还是导弹，"爱国者"-3型导弹每具发射架可装置16枚导弹，连续攻击能力很强；"爱国者"-3所配备的新的预警雷达，具有360°全向扫描能力，最远探测距离可达400千米，这使得它具有引导其他中远程精确制导武器进攻的能力；"爱国者"-3还能同时捕捉和拦击多个低雷达截面目标，攻击飞机目标射程超过100千米，攻击导弹射程可达50千米。

因此，"爱国者"-3型导弹虽然名义上归属于导弹防御系统，但实际上仍然具有对飞机、导弹等的进攻能力。日本计划2014年度在冲绳改装并部署一套"爱国者"-3型导弹，不仅会为日本本土和离岛构筑起"坚强之盾"，同时也将为日本航空自卫队打造"锋利之矛"。

日本积极部署空中加油机意在东海

【消息来源】 日本《产经新闻》2013年11月28日报道，日本航空自卫队27日首次向媒体公开展示了KC-767空中加油机在日本海上空为F-15主力战机补充燃料的情景。日本政府在12月底将修订通过的新《防卫计划大纲》中明确提出，要增加空中加油机的数量，从4架增加到8架，以强化日本在"西南诸岛"和西太平洋上的防卫和制空能力。

目前，日本航空自卫队能够进行空中加油的战机包括F-15J和F-2战斗机，C-130运输机和E-767空中预警机。长期以来，日本不断宣称，由于日本战机作战范围偏小，在东海钓鱼岛等问题上"底气严重不足"。以驻冲绳的F-4战斗机为例，其作战半径只能勉强覆盖钓鱼岛，因此，它往往刚飞临争议海域上空就会因油料不足而必须返回，否则就会坠海。为此，日本航空自卫队若想扩大作战飞机以及预警机的巡逻半径，必须考虑引进空中加油机。

早在20世纪70年代，日本航空自卫队就提出了购买空中加油机的计划，但是由于美国的限制，并且空中加油机一直被视作进攻性空中力量的标志，日本政府也担心引起周边其他国家的反对，所以就默默取消了采购计划。其当时装备的主力战斗机F-4"鬼怪"也都取消了空中加油设备。但是在1980年开始引进F-15J战斗机并在国内进行组装时，日本保留了该机的空中加油设备。20世纪80年代后期，日本和美国之间的安全保障条约开始强化，日美安保条约提出了责任分担，要求日本自卫队担负其本国1000海里范围内海上交通线的安全保卫任务。很明显要完成这个任务，日本自卫队必须加强自身力量的建设，拥有空中加油机也就成了必然选择。

1998年3月，日本航空自卫队在收到首批E-767预警机之后，对该机的性能非常满意，特别是对波音公司的767平台更是欣赏有加，而此时的波音公司也有以767为平台研制加油机的计划。2000年5月，日本航空自卫队组团前往美国，进行有关引进空中加油机的调研和初步接触。同年12月，日本防卫厅正式公布了价值达800亿日元的加油机采购计划。

日本最终确定的方案是运输、加油两用计划：委托美国波音公司在其767-200客机基础上采取可变换货舱结构设计，以便同时具有运输机和加油机的功能。作为运输机，KC-767可以搭载200名士兵和4辆小型军用车辆；作为加油机，KC-767采用美军通用的伸缩套管模式，具备一次为8架战斗机补充燃料的能力。按计划，日本共订购4架KC-767，其中的两架于2007年交付使用；2008年，另两架KC-767也交付使用。日本的空中加油机部队由此初步具备了作战能力。

人 日本订购的KC-767空中加油机

而在日本将中国钓鱼岛"国有化"之后，中日关系日趋紧张，为了应对钓鱼岛紧张局势，日本加快了引进空中加油机的计划。日本此次决定引进的KC-767空中加油机是波音767-200商用飞机的军用改型，安装有波音公司先进的空中加油导管和"远程空中加油操作员 II 系统"，能为目前所有的西方战斗机进行加油。

美国KC-767加油机与美国空军现役的KC-135E加油机相比，尺寸和外形上变化不大，但在燃油装载量、飞行性能和运输能力等方面却有一个巨大飞跃。

一、它能够装载更多的燃油。KC-767的燃油容量为机翼油箱内90764升，辅助油箱内18168升，总共达到了108932 升，总重量超过57吨，可比KC-135加油机多加注20%的燃油，一次可以为8架战斗机补充燃料。

二、它可以从更短的跑道上起降。KC-767在最大起飞重量179吨的情况下，可以在长2350米的跑道上起飞，因此能在世界上大约8000个机场起降。而KC-135加油机的起飞滑跑距离却长达3657米，只能在228个机场起降。因此，从起飞着陆性能来看，KC-767可以为机动部署提供更大的灵活性和选择余地。

三、它具有灵活加油能力。KC-767专门采用了软管式加油吊舱与硬管式加油吊杆相结合的空中加油系统，机翼可挂装有软管式加油吊舱，机身中部下方安装硬管式加油吊杆，这就可以根据具体加油方式进行组合，以满足多机种协同作战的需要。

由于KC-767加油机从设计上就是瞄着美军下一代的KC-X加油机项目做的，因此各项指标十分先进。只不过在KC-X项目中，由于欧美航空巨头相互倾轧，曾经获胜的波音被控告商业贿赂，因此美军采购KC-767的项目耽搁了几年。这就意味着日本航空自卫队要比美军自己更早拿到这种先进的加油机。如果日本航空自卫队的F-15J飞行员有相当一部分能够掌握空中加油技巧，那么进口KC-767将大大延长其战机在东海方向的滞空时间。同时KC-767加油机的出现，也为日本航空自卫队从单纯的防空自卫力量向远程攻击力量转变奠定了基础。

由于KC-767加油机能使战机飞得更远，在空中停留的时间更长，从而可以大大提高空中打击距离和延长空战时间。而日本引进的加油机不仅能为战机加油，还能向作战地域或岛屿空投伞兵，因此也就格外受到外界的关注。

有军事专家对此分析指出，日本距朝鲜半岛和俄罗斯等地很近，应对这一地区的紧急态势根本就不需要加油机。而中日有争端的东海地区距日本上千千米，若无加油机，日本的F-15J等战机飞临争议海域后就会因油料不足而匆匆返回。因此，日本引进KC-767加油机很明显有针对东海争端的意图。

日本准备升级预警机全面监控东海

【消息来源】 据《读卖新闻》2013年12月4日报道，日本防卫省将在新《防卫计划大纲》和《中期防卫力量整备计划》中，写入2015年引进新机种替代E-2C预警机的计划。目前，候选对象之一是美国波音公司制造的E-737预警机。报道称，E-737预警机装备有最新型雷达，能够进行空中加油。目前日本自卫队的E-2C预警机无法进行空中加油，其在钓鱼岛地区的活动时间限于四个小时内。引进E-737预警机将便于日本自卫队对钓鱼岛长时间开展警戒监视活动。

目前，日本在中国东海方向主要使用E-767大型预警机和E-2C"鹰眼"预警机进行巡逻监视。E-767大型预警机性能固然先进，但使用成本较高，因此执行警戒监视任务还是以E-2C为主。不过，E-2C这种可供航母使用的小型预警机，其本身的空中指挥能力较弱，而且随着中国装备了新型预警机，就更显得"不合时宜"。中国目前已经装备了以运-8为平台的空警-200预警机，有报道称中国正在研制以运-9为平台的空警-500预警机。这几型装备无论是预警指挥能力还是巡航速度和时间，都要强于日本的E-2C"鹰眼"。因此，日本在新的防卫计划中开始考虑用E-737来替代E-2C。

E-737是以美国的波音737为平台开发出来的预警机，其最大的外形特征就是机背上长长的刀状相控阵雷达天线。由于采用了新的有源相控阵雷达，E-737预警机的探测能力非常强悍，可同时跟踪300个目标，在9000米高度飞行时探测距离达850公里，对战斗机目标下视探测距离为370公里，还可用增程工作方式提高探测距离。能在任何天气条件下锁定600公里范围内的180个目标，同时指挥24架飞机作战。对空一般战斗机目标探测距离174海里以上，对一般护卫舰海探测距离130海里以上。与E-2C相比，E-737主要具备以下优势：

一、该机采用了有源相控阵雷达，具备探测距离远、目标确认速度快、数量更新速率高等优点，特别适合目标数量众多的东海地区。据介绍，E-737可以配备6~10个任务操纵工作站，最多可以达到14个，这样E-737可以同时指挥大约20批目标，而E-2C只有6个。E-737指挥目标数比后者的3倍还多。

二、E-737的体积、起飞重量、航程、留空时间等指标也都要优于E-2C。根据相关资料显示，E-737机长为33米，E-2C只有17.6米，差不多是后者的2倍；最大起飞重量接近80吨，后者是25吨，是后者的3倍，因此E-737可以配备更多的显控系统和任务人员。

三、从飞行性能上看，E-737也要比E-2C性能优越。E-737巡航速度可以达到760千米，而E-2C只有500千米左右。从日本冲绳那霸基地起飞到钓鱼岛上空，E-737不到1个小时即可抵达，而E-2C则需要1个半小时，反应能力显然前者更好。E-737的正常使用高度为12000米，E-2C只有9000米左右。这样的话，E-737的雷达视距可以达到450千米左右，而E-2C只有390千米。另外在航程方面，E-737的航程为6000千米，留空时间达到10个小时，而E-2C只有2800千米，留空时间在6个小时左右。这就意味着E-737可以在钓鱼岛上空执行更长时间的作战任务。

由以上可以看出，日本航空自卫队决定采购E-737来替代E-2C，最主要的原因还是E-737的性能更先进，能够在钓鱼岛上空执行更长时间的作战任务，指挥引导更多的作战飞机，并以此来提高日本在东海上空的制空争夺能力。

人 日本准备配备的E-737预警机

随着中国宣布建立东海防空识别区，受到日本无理的指责，中日两国围绕钓鱼岛的争端呈现出日趋紧张和对立的趋势。中日之间一旦发生冲突，最有可能的地区就是钓鱼岛列岛及其周边海域。届时，这个相对狭小的区域可能会出现较多的作战飞机进行空战，这将对预警机的目标快速识别能力提出更高的要求。由于两军开展钓鱼岛空战的区域距离中日两国陆基防空指挥引导系统都较远，所以两国都将更加依赖于预警机的指挥引导。

与E-2C相比，E-737预警机是在大型运输机的基础上改装的，航程更远，留空时间更长，可以在战区执勤更长的时间，同时也可以容纳更多的显控系统，因此也可以指挥更多的飞机，这在现代空战之中显然有着更大的优势。

最后需要指出的是，早在2004年，美国的新预警机就研制成功了。但是，由于这是外销用机，该机没有美军编号，外界一般将其俗称为E-737预警机。而澳大利亚空军则称其为E-7A"楔尾"预警机。由于采用的新技术过多，该机的试飞改进磨合过程较长。直到2009年，美国才向澳大利亚交付了第一架E-737预警机。

不过，在此之后，E-737预警机的交付就非常顺利了。至今，澳大利亚已经接收了6架该型预警机。E-737预警机既不像E-3预警机那样造价昂贵、身份敏感，又不像E-2预警机那样性能有限，因此还在试飞阶段就引起了很多国家的注意。

2006年，土耳其和韩国空军都向美国表达了购买E-737预警机的意愿。土耳其将购买E-737预警机的计划称为"和平鹰"计划。2007年，波音公司为土耳其生产的首架E-737试飞成功。土耳其空军目前已经接收了4架该型预警机。

韩国购买E-737的计划被称为"和平之眼"计划。2011年8月，韩国空军接收到了第一架E-737预警机。截至2012年，韩国空军已经接收了4架。接收它们的时候正值朝鲜半岛形势再度紧张之际，因此这些预警机的表现十分活跃，在韩国历次演习中和监视朝鲜导弹发射方面都发挥了重要作用。

日本引进第五代战机欲"霸海夺空"

【消息来源】 据共同社报道，日本政府在2013年12月17日内阁会议上通过了2014~2018年度《中期防卫力量整备计划》。该计划中指出，考虑到尖阁诸岛（中国称钓鱼岛）等东海的领空防卫，未来计划从美国引进42架最新隐形战机F-35，其中将先行获得28架。此外，自卫队还将新部署4架新型预警机或空中预警机，力争加强对钓鱼岛的警戒监视。

目前日本自卫队装备的战机主要以日本自产的F-2战斗机和引进美国技术生产的F-15J战斗机为主。不过，这两种战机要么过于昂贵，要么事故频发，让人感觉颇有点"靠不住"。

F-2战斗机虽然业已实现了日本国产化，但价格实在高得离谱。目前一架F-2的单价已经接近70亿日元。算上研制经费，单价已达100亿日元，而过高的单价必然会限制生产架数。

20世纪70年代末期，日本从美国购买了首批14架F-15战斗机。随后，由日本三菱重工引进麦道公司生产线，自行生产了大约223架F-15战机，这种日本自产的型号被称为F-15J。作为日本航空自卫队的主力战机，F-15J经常紧盯邻国军机的动向，是日本争夺东海制空权的一把利器。但是由于服役时间较长，F-15J机群的状态并不稳定。2012年9月5日，日本一架F-15J型战斗机从冲绳县那霸基地起飞执行训练任务时坠入东海，飞行员下落不明。为此，日本已经在全国范围内暂时停飞了所有F-15J战机。有分析指出，就目前日本主力战机的表现来看，F-15J战斗机并不能保证日本取得"地区空中优势"。

考虑到日本航空工业的基础以及研发隐形战机的技术难度，日本走自行研发新式战机这条路并不容易。因此，引进"外援"已成当务之急。而考虑到日美同盟关系的特殊性，美国战斗机特别是最新式隐形战机F-35，便成为了优先选择。

F-35联合攻击战斗机是具有隐形设计的第五代战机，最大速度可达1.6马赫，最大航程可达1200海里，具备有限超音速巡航能力。可携带2枚超视距空战导弹和2枚对地攻击的"联合直接攻击弹药"或者反舰导弹等武器。与F-2、F-15J等四代战机相比，F-35具备明显的优势。

一、独特的隐身设计。F-35对雷达反射截面积（RCS）的分析和计算，已经实现了整机计算机模拟，相较F-117A先分段模拟然后合成的方法，更为先进、全面和精确。而且，由于F-35所携带的武器采用内挂方式，不会引起RCS的增大，隐身优势更为明显。在红外隐身方面，该机将其尾喷管的红外辐射强度减弱了80%~90%，可大幅减小红外制导空对空导弹的攻击距离。

二、先进的电子系统。以前，在老旧的战斗机上，电子战系统的传感器和红外光电侦测系统的传感器是互相独立工作的，飞行员要分别操作电子战系统和光电侦测系统的传感器来探测威胁目标，并在座舱内不同的显示器上读取不同传感器探测到的信息，工作量过大。而F-35上高度综合化的电子战系统可以将各种不同的传感器交联起来，并自动对比各种传感器探测到的威胁目标，经过信息过滤后，自动将最佳结果显示给飞行员，减轻了飞行员的工作负担。如此高的自动化水平能够使飞行员更为高效地掌握战场态势，大大缩短飞行员实施电子对抗措施的反应时间，从而能在空战中把握先机。

三、创新的座舱设计。F-35设计者认为，战斗机越来越复杂，向飞行员展示所有系统的情况和工作状态是多此一举的。因此，F-35的座舱设计非常简洁，没有罗盘、水平位置仪，也没有速度表、高度表，取而代之的是一块大型液晶显示屏，同时还创造性地使用了触摸式显示技术，使飞行员对飞机的操作更为直观和便捷。

近年来，由于钓鱼岛的紧张局势，日本自卫队的战略重点已经从北部转向西南部。2008年2月29日，日本购买的第一架美制空中加油机KC-767开始部署。目前，日本已经部署了4架KC-767。日本的F-35一旦得到KC-767的空中支援，将极大增加空中作战范围，延伸其活动的触角，从而强化其对钓鱼岛的警戒与控制。

作为第五代战机的典范，装备有F-35的日本自卫队还将由此大幅提升其作战飞机的战斗能力。据分析，F-35在面对传统四代机时，将具有绝对的优势；在面对五代机如歼-20、T-50等时，也可凭借其先进的网络中心战能力、EODAS（分布式光电探测系统，可360°全向探测）等与之一战。

人 日本引进的F-35B型固定翼舰载机

此外，尤其值得注意的是，日本此次引进的是F-35B型固定翼舰载机，具备垂直/短距起降功能，可装备于日本的准航母"22DDH"——"出云"级直升机驱逐舰上面，从而将准航母升级为航空母舰，提升其海上作战能力。中日之间一旦发生钓鱼岛争端，将不仅是空中力量的角力，同时也是海军战力的较量。虽然垂直起降的F-35B在载弹量、机动性能等方面要打一些折扣，但仍然可对中国航母"辽宁舰"的舰载机形成巨大威胁。有分析专家已经指出：F-35的引进，将对日本自卫队在战斗中掌握制空权、制海权发挥十分重大的影响和作用。日本自卫队正是妄图借助F-35的作用，在钓鱼岛"霸海夺空"。

日本购买"全球鹰"织就高空监视网

【消息来源】 据日本《读卖新闻》2013年12月31日报道,日本防卫省将于2015年首次购置"全球鹰"无人侦察机,部署在航空自卫队青森县三泽基地,以此加强对中国军事力量的侦察监视,强化日本在钓鱼岛等西南诸岛方面的"离岛防卫"能力。日本防卫省还透露称,为应对中国的海洋进出动向,自卫队还考虑在硫磺岛增设战机跑道等设施。

"全球鹰"是美国空军乃至全世界最先进的无人机。作为"高空持久性先进概念技术验证"(ACTD)计划的一部分,该计划于1995年启动,于1998年2月首飞,在ACTD计划执行期内完成了58个起降,共719.4小时飞行。

目前在日本海、空领域执行侦察巡逻任务的主要是日本的P-3C反潜巡逻机。由于每天仅能做一次侦察飞行,日本方面认为其可能无法胜任监视东亚各国的任务。故此，早在日本民主党执政时期就曾计划在2016年度以后引进"全球鹰"无人侦察机。在日方对中国钓鱼岛进行所谓"国有化"之后，东海局势日趋紧张，在此背景下，中日两国都不断加强对争议海、空领域的侦察巡逻。

2013年9月9日，日本媒体纷纷援引日本军方消息称，当天上午一架不明国籍的无人机进入东海上空的所谓"日本防空识别区"，并飞抵钓鱼岛附近，航空自卫队那霸基地的战斗机紧急升空。日媒推测该机应属中国海军。有美国媒体认为，中国海军新型无人机巡逻东海，让无人机技术落后的日本嫉妒不已。日本也通过不断渲染"中国无人机威胁"，以此为自己引进美国"全球鹰"无人机造势。

美国"全球鹰"无人机是世界上飞行时间最长、距离最远、高度最高的无人机，同时也是第一架得到美国联邦航空局（FAA）认证，可以在美国民航机领空飞行的无人机。与日本国产飞机相比，"全球鹰"无人机在性能和成本上均占优势：

一、体积庞大，飞行能力强。"全球鹰"机身长13.4米，高4.62米，翼展35.4米，最大飞行速度644千米/小时，最大飞行高度19810米，最大起飞重量11610千克。"全球鹰"机载燃料超过7000千克，航程可达25000千米，自主飞行时间长达36小时，可以完成跨洲际飞行。"全球鹰"可在目标区上空18300米处停留24小时进行侦察，而U-2侦察机在目标上空仅能停留10小时。

二、机载设备先进，侦察能力强。"全球鹰"可携带光电、红外传感器系统以及合成孔径雷达等多种传感器。在一次任务飞行中，"全球鹰"既可进行大范围雷达搜索，又可提供7.4万平方千米范围内的目标光电/红外图像。

在将近两万米的高空，合成孔径雷达获取的条幅式侦察照片精度达到1米，定点侦察照片可达到0.30米。对以20～200千米/小时行驶的地面移动目标，可精确到7米。装有1.2米直径天线的合成孔径雷达能在将近两万米的高度穿透云雨、沙尘暴等障碍，连续监视运动目标，准确识别地面各种飞机、导弹和车辆的类型，故有"大气层内侦察卫星"之称。

三、数据传输系统先进，可实时传输信息。"全球鹰"更先进之处在于，它能与现有的"联合可部署智能支援系统"和"全球指挥控制系统"连接，图像能直接而实时地传送给指挥官使用，用于指示目标、预警、快速攻击、战斗评估与再攻击。"全球鹰"还可以适应陆、海、空军不同的通信控制系统，既可进行卫星通信，又可进行视距数据传输通信。

迄今为止，美军在关岛安德森空军基地部署了3架"全球鹰"，负责亚洲太平洋地区的侦察监视任务。为确保"亚太再平衡"战略的实施，美国将加大在这一地区的军力投入，到2020年，将把海军和空军60%的军力部署在亚太，而且，美军的先进武器装备也要优先部署在这一地区。部署"全球鹰"无人机正是其中一个重要环节。一方面，美军决定将"全球鹰"无人机的部署前移，利用日本的地理资源优势，完成对中国的信息包围，确保在情报收集、早期预警方面获得优势；另一方面，日本自卫队也计划引进3~4架"全球鹰"无人侦察机，用以加强对其周边国家的侦察监视，特别是对中国航空母舰的动向以及导弹基地等军事设施的监视。

人 日本购买的"全球鹰"无人侦察机

　　考虑到当前的东亚局势，日、美两国政府在2013年10月初的"2+2"安全磋商委员会会议上商定，2014年春季以后，部署在太平洋关岛的"全球鹰"无人侦察机中的2~3架将转移到驻日美军基地。2014年1月22日，日本防卫省又宣布，为躲避台风，关岛美军基地的两架"全球鹰"无人机将于2014年5月至10月前后临时部署于青森县三泽市的美军三泽基地。这将是"全球鹰"首次进驻日本。

　　日本共同网在报道这一消息时特别提出，"全球鹰"的飞行除起降外全部由美国本土遥控，而以民间飞机为对象的日本《航空特例法》不适用于美军飞机。日本防卫省则表示，"全球鹰"的飞行高度超出民间飞机，临时部署不会对民间飞机的飞行造成影响。日本防卫省至今也未透露"全球鹰"将使用的具体飞行路线。由此推断，美军"全球鹰"无人机在日本的飞行是完全"自由的"。

另据美国防务新闻网报道，美国与日本进行的"全球鹰"无人机出口谈判正在进行，最终日本将得到的很可能是海军版"全球鹰"MQ-4C，因为该机性能更先进，且已进入全面投产阶段。如果日本选择这一时机购买，将能争取到较低采购价。况且日本自卫队与驻日美军合作最紧密的就是海军航空兵领域，两者的P-3C反潜巡逻机机组甚至可达到互相替换的默契程度。因此，日本选择MQ-4C无人机的可能性甚大。

日本决定购买"全球鹰"无人机，还因为看中其所建立的高空信息侦察网。如果日本自卫队与美军使用同一型号的"全球鹰"，那么，双方将实现对中国侦察监视的信息共享。借此日本可大幅提升其军情侦察监视能力。比如，"全球鹰"从冲绳起飞，可以在钓鱼岛上空飞行30个小时，探测距离直逼中国大陆海岸线。如果日本进口3架以上的"全球鹰"无人机，就意味着在钓鱼岛上空可以实现不间断的空中监视，等于在万米高空安装了一个小型雷达站，从而在钓鱼岛空、海域建立起严密的监视网。